dtv

Kluge Leute ernähren sich klug. Wer zum richtigen Zeitpunkt das Richtige ißt, bleibt schlank und fit. Daß dies aber nicht Entsagung, sondern Genuß bedeutet, beweist die Autorin mit ihren 140 Rezepten aus der heimischen und internationalen Küche. Grundprinzip ihrer Auswahl ist eine »lean cuisine«, die auf schädliche Fette und Kalorienbomben verzichtet. Bei den Zutaten orientiert sich die Autorin vor allem an der mediterranen und asiatischen Küche – also Olivenöl, viel Gemüse, frische Kräuter, Gewürze, Fisch und weißes Fleisch. Die Gerichte sind raffiniert, doch leicht und schnell zuzubereiten, sie haben wenig Kalorien, enthalten kein schädliches Fett und schonen so Herz und Gefäße. Diese Art zu genießen macht nicht müde: Schließlich will man auch nach einem guten Essen noch frisch und leistungsfähig sein.

Ursula Fabian studierte Anglistik, Romanistik und Kunstgeschichte. Sie ist Herausgeberin einer Reihe historischer Kochbücher und verfaßte u.a. ›Rudolf Katzenbergers Feine Deutsche Küche‹ und ›Der Erbprinz zu Ettlingen. Große internationale Küche‹, wofür sie von der Gastronomischen Akademie Auszeichnungen erhielt. Sie übersetzt und bearbeitet Kochbücher von internationalen Spitzenköchen.

Ursula Fabian

Kochbuch für kluge Köpfe

Rezepte und Ratschläge für eine gesunde Gourmet-Küche

Deutscher Taschenbuch Verlag

Originalausgabe
Juli 1998

Umschlagkonzept: Balk & Brumshagen
Umschlagfoto: © Stemmler / ZEFA
Produktion und Satz:
Verlagsbüro Walter Lachenmann, Waakirchen
Gesetzt aus der Stone Serif und Stone Sans
(QuarkXPress 3.32 Mac)
Druck und Bindung: C. H. Beck'sche Buchdruckerei, Nördlingen
Gedruckt auf säurefreiem, chlorfrei gebleichtem Papier
Printed in Germany · ISBN 3-423-36097-6

Inhalt

Vorwort

Essen wir zu viel, zu fett und zu süß? Die Ernährungsexperten sind sich seit langem einig: Wir ernähren uns nicht richtig. Wir müssen unsere Eßgewohnheiten ändern, wenn wir gesund und leistungsfähig sein und bleiben wollen. So kommen ständig neue Diäten auf den Markt – als Wunderkuren für Schlankheit und Wohlbefinden. Die eine empfiehlt das, die andere jenes. Viele raten zu einseitiger Ernährung. Meist hilft eine Diät nur bedingt.Und sie wird eintönig: man gibt sie auf.

Essen soll Lust bereiten, nicht Frust. Kalorienzählen macht keine Freude. Was nicht schmeckt oder appetitlich ist, wird nicht gegessen, sei es noch so gesund. Aber wir wissen auch, daß wir nicht alles in beliebiger Menge zu uns nehmen dürfen. Wer etwa pro Tag zehn Gramm zunimmt, wiegt am Ende des Jahres sieben Pfund mehr – sieben Pfund zu viel für Schlankheit und Fitneß.

Wer sich gesund ernähren und schlank bleiben möchte, muß nicht auf gutes Essen verzichten. Unser Körper hat zwar seinen Energiebedarf; der ist aber häufig geringer, als wir meinen. Wir arbeiten körperlich nicht mehr schwer. Die vielen Erleichterungen unseres Lebens durch die moderne Technik erfordern eine leichtere Ernährung als die traditionelle, die aus einer anderen Zeit stammt. Wir müssen uns heute anders ernähren – klug ernähren.

Das Kochbuch für kluge Köpfe ist kein Diätbuch. Ich empfehle Ihnen keine einseitige Ernährung, bei der Sie obendrein Kalorien zählen müssen. Die Rezepte sind kalorienreduziert, aber nicht so, daß sie Magerkost bieten.

Es sind Rezepte für alle, die gern und mit Genuß essen möchten, aber vermeiden wollen, was des Guten zuviel ist.

Unsere Ernährung soll ausgewogen sein, vollwertig und abwechslungsreich. Ein bißchen Raffinesse schadet dabei nicht. Darauf sind die Rezepte abgestellt. Sie folgen aber den Spielregeln, die heute und künftig für die gesunde Ernährung gelten müssen.

Die erste Regel ist Fettreduktion, doch nicht völliger Verzicht auf lebenswichtige Fette. Butter wird zur »Geschmackszutat«. An ihre Stelle tritt Olivenöl als Bratfett. Es ist gesünder. Die gesundheitlichen Vorzüge der neuerdings viel beachteten mediterranen Küche beruhen großenteils auf Olivenöl. Auch Sahne entfällt fast ganz; sie läßt sich, ohne Qualitätseinbuße für die Küche, durch Joghurt oder magere Quarkzubereitungen ersetzen. Und bei Milch genügt die fettarme.

Die zweite Regel der klugen Küche ist der Verzicht auf »rotes« Fleisch. Nicht nur wegen der Fleischskandale, die nicht aufhören. Das »weiße« Fleisch von Geflügel ist ein leichterer und besserer Eiweißträger. Und Geflügel gibt es noch – oder wieder – in guter Qualität. Dazu kommt Fisch, eines der schmackhaftesten und vielseitigsten Nahrungsmittel.

Die dritte Regel: Verzicht auf überflüssigen Zucker. Ganz ohne Zucker geht es nicht, und muß es auch nicht. Aber es gibt andere Süßmittel, wie Birnendicksaft oder Apfeldicksaft. An die Stelle von Zucker braucht nicht chemischer Süßstoff zu treten.

Schließlich die Grundregel: mehr Kohlenhydrate in Form von Obst, Gemüse, Kartoffeln, Reis und Nudeln. Dafür weniger Fett und weniger Fleisch.

Meine Rezepte kommen aus dem Haushalt, nicht aus dem Restaurant. Sie sind im Alltag erprobt, immer wieder auch an Gästen. Sie sind unkompliziert zu kochen und in der Regel für vier Personen berechnet.

Ich bin der Meinung, daß Essen Freude machen soll; Zunge und Gaumen wollen verwöhnt werden. Ich habe deswegen versucht, über den Tellerrand hinauszublicken. Auch in anderen Ländern versteht man gut und gesund zu kochen. So finden Sie zwischendurch einige für uns ungewöhnliche Rezepte und Zubereitungsarten.

Zutaten

Das Geheimnis der guten Küche liegt nicht nur in der gekonnten Zubereitung. Es liegt auch, vielleicht zuerst, in den Zutaten. Tun Sie es den großen Köchen gleich: Nehmen Sie nur die besten und frischesten Zutaten. Bevorzugen Sie Rohprodukte. Angesichts industriell vorgefertigter Lebensmittel und verbreiteter Retortennahrung ist das nicht immer einfach. Versuchen Sie es trotzdem. Es gibt verläßliche Produzenten und Händler, die ihre Waren verantwortungsbewußt herstellen und sorgfältig auswählen. Und es gibt Gemüse, Obst, Getreide und Fleisch, das biologisch einwandfrei oder nur minimal belastet ist. Die Suche danach lohnt sich.

Machen Sie Ihre Küche zu einer »Cuisine du marché«. Kaufen Sie das, was die Jahreszeit bietet. Das Angebot ist heutzutage überreichlich. Unter allem Guten ist immer auch das Bessere. Müssen es Erdbeeren im Winter sein, wenn sie im Sommer aromatischer sind? Muß es Spargel von einem anderen Kontinent sein, wenn der heimische zu seiner Zeit besser schmeckt? Sommergemüse ist für leichte Sommergerichte. Wintergemüse – Lauch, Rüben und Kohl – paßt zu deftiger Winterkost.

Sonnengereiftes Gemüse aus Freilandanbau ist nitratärmer als Treibhausgemüse. Saisongerecht eingekauft, enthält es zudem auch mehr Vitamine. Nitrat selbst ist nicht giftig; es wandelt sich aber durch Enzymreaktionen in Nitrit um, das sich mit bestimmten Eiweißstoffen zu den schädlichen Nitrosaminen verbindet. Wenn Sie sicher gehen wollen, entfernen Sie bei Blattgemüse die äußeren Blätter, Strünke, Stiele und großen Rippen. Diese enthalten mehr Nitrat als die übrigen Pflanzenteile.

Obst und Gemüse aus der Region ist schneller beim Verbraucher, daher frischer und vitaminreicher. Verbrauchen Sie Obst und Gemüse möglichst rasch; längeres Lagern, auch im Kühlschrank, vermindert den Vitamingehalt. Außerhalb der Saison oder bei Mangel an frischer Ware empfiehlt sich Tiefkühlgemüse, das gleich nach der Ernte vitaminschonend schockgefrostet wird. Auch hierbei verdient das Rohprodukt den Vorzug. Verzichten Sie auf Ware mit Zusätzen, Saucen, Aromen oder Geschmacksverstärkern.

Kaufen Sie Obst und Gemüse möglichst in mehreren Farben und mischen Sie grüne, gelbe, rote und orangefarbene Sorten. Ein Salat aus verschiedenfarbigem Blattgemüse, ein Ragout aus roten, grünen und gelben Paprikastreifen, ein Gemüsegericht aus orangefarbenen Karotten und grünen Erbsen, ein Obstsalat aus verschiedenfarbigen Früchten sieht nicht nur appetitlich aus. Der Farbenvielfalt von Obst und Gemüse entspricht auch ein breites Spektrum von Vitaminen, Mineralstoffen und bioaktiven Substanzen.

Bioaktive Substanzen, die in winzigen Mengen in Obst und Gemüse vorkommen, finden neuerdings starke Beachtung in der Ernährungswissenschaft. Die gesundheitliche Schutzwirkung scheint auf dem Zusammenspiel solcher Substanzen zu beruhen. Daher sollte der Speiseplan so vielfältig und abwechslungsreich wie möglich sein.

Frische Kräuter bereichern ein Gericht – optisch und geschmacklich, in Nährwert und Bekömmlichkeit. Würzen Sie reichlich mit verschiedenen Kräutern. Schnittlauch und Petersilie, aber auch Basilikum, Thymian, Oregano, Salbei, Koriandergrün, Minze und Melisse sind das ganze Jahr über in Töpfen erhältlich. Kräuter in einer hübsche Pflanzschale sehen am Küchenfenster dekorativ aus. Sie haben sie dort immer griffbereit.

Würzen Sie pikant: Das spart Salz und es verdeckt auch das Fehlen von kalorienschweren Fetten. Würzen Sie ruhig scharf, zum Beispiel mit frischem Ingwer und Chili, besonders wenn Sie einen klaren Kopf brauchen oder wenn Sie abnehmen wollen. Chili regt die Fettverbrennung an, Ingwer stimuliert das Immunsystem. Wenn Sie eine Erkältung haben, kann sich eine kräftig mit Ingwer, Chili und Knoblauch gewürzte Hühnerbouillon als probates Mittel erweisen. Ein Lungenspezialist in Kalifornien ist der Meinung, daß scharf mit Chili und Ingwer gewürzte Speisen gegen Erkältung genauso gut wirken wie ein Medikament, aber ohne dessen Nebenwirkungen.

Salz und Pfeffer sind beim Kochen unerläßlich. Zu viel Salz ist bekanntlich nicht unproblematisch. Ich verwende Meersalz. Es ist runder im Geschmack und ergiebiger als Steinsalz, dazu reich an Spurenelementen, wie etwa Jod. Pfeffer sollte immer frisch gemahlen oder, wie andere Gewürzkörner (Koriander, Piment), im Mörser zerstoßen werden. So entfalten sich Aroma und Würzkraft am besten.

Zum Braten empfiehlt sich reines Olivenöl. Es ist das ideale Speiseöl. Kaufen Sie die beste Qualität und verwenden Sie es sparsam. Olivenöl schmeckt gut und ist gesund – reich an einfach ungesättigten Fettsäuren und dadurch herz- und gefäßschonend. Als einziges Öl verändert es beim Erhitzen seine Molekularstruktur nicht. Bei anderen Pflanzenölen und Pflanzenfetten kommt es bei hohen Temperaturen zu chemischen Umwandlungen, die toxisch sind. In Olivenöl gebratene Speisen sind leichter und bekömmlicher als in anderen Speiseölen gebratene. Butter und Sahne (vorzugsweise saure Sahne, die weniger fett ist als süße) sollte man in geringer Menge nur zum Abschmecken verwenden.

Kochmethoden und Küchengeräte

In der gesunden und schlanken Küche geht es nicht nur um Wohlgeschmack. Der Vitamin- und Nährstoffgehalt soll erhalten bleiben und der Fettverbrauch eingeschränkt werden. Klug kochen heißt daher auch: geeignete Geräte und geeignete Garmethoden verwenden.

Gute Töpfe und Pfannen machen sich bezahlt. Solche aus Gußeisen oder aus Edelstahl mit Mehrschichtboden sind unverwüstlich. Optimal sind Edelstahltöpfe mit Böden und Wänden aus Mehrschichtmaterial. Benutzen Sie keine Aluminiumtöpfe. Aluminium ist wohl ein ausgezeichneter Wärmeleiter, reagiert aber mit Säuren und Basen aus den Lebensmitteln.

Ein ideales Küchenutensil ist der elektrische Pürierstab oder Stabmixer. Damit lassen sich Gemüsesuppen im Topf pürieren und schnell fettarme Saucen aus Quark und Gemüse mixen. Ein Püree aus gedünsteten Zwiebeln, Tomaten und Knoblauch, mit etwas Geflügel- oder Gemüsefond verdünnt, ergibt eine praktisch fettfreie Sauce.

Verzichten Sie auf Fritieren oder Ausbacken in heißem Fett sowie auf Grillen über offenem Feuer. Das Fritier- und Ausbackgut nimmt große Mengen Fett auf und wird kalorienschwer. Beim Grillen kann durch Fett, das in die Glut tropft, schädliches Benzpyren entstehen und mit dem Rauch auf das Grillgut gelangen.

Die besten Garmethoden, die zudem Aroma, Vitamine und Mineralstoffe schonen, sind Dämpfen, Dünsten, Grillen (in der Grillpfanne oder unter dem Elektrogrill), Braten mit wenig Fett in einer antihaftbeschichteten Pfanne, Pfannenrühren im Wok und Garen in der Mikrowelle.

Garen über Dampf und Dünsten mit wenig Flüssigkeit sind für eine leichte Küche zu bevorzugen. Bei beiden Methoden bleiben Aroma und Nährstoffe weitgehend erhalten. Beide benötigen kein Fett oder nur wenig zum Abschmecken.

Beim Garen im Dampf kommt das Gargut nicht direkt mit Wasser in Berührung. Es wird nicht ausgelaugt; Farbe, Konsistenz und Eigengeschmack verändern sich nicht. Das Gargut wird gleichmäßig in einem Dämpfaufsatz oder in einem Dämpfkörbchen verteilt und auf oder in einen passenden Topf mit festschließendem Deckel gesetzt. Der Topf wird bis knapp unter den Einsatz oder das Dämpfkörbchen mit Wasser gefüllt. Das Wasser läßt sich mit Kräutern aromatisieren, bei Fisch auch mit Essig oder Wein. Der aufsteigende Dampf schlägt sich auf dem Gargut nieder, nimmt dessen Aroma und Nährstoffe auf und tropft ins Wasser zurück. Das Wasser kann deshalb für eine Sauce oder Suppe verwendet werden.

Im elektrischen Dampfgarer kommt man bequemer zum gleichen Ergebnis. Die gewünschte Garzeit läßt sich einstellen; das Gerät schaltet sich automatisch ab. Beide Methoden haben den Vorteil, daß der Garvorgang ständig überwacht werden kann.

Im Schnellkochtopf läßt sich der Garvorgang weniger gut steuern. Zartes Gemüse, etwa Brokkoli, kann leicht übergaren. Der Vorteil liegt in der kurzen Kochzeit, da unter Druck bei hoher Temperatur gegart wird. Der hermetische Verschluß des Topfes verhindert eine Sauerstoffeinwirkung auf das Gargut; Vitamine und Mineralstoffe werden geschont. Besonders geeignet ist der Topf für robustes Wurzelgemüse. Ich koche darin mit Vorliebe Gemüsesuppen, die anschließend püriert werden.

Beim Dünsten wird das Gargut in wenig heißem Fett bei mittlerer Temperatur erhitzt, damit es sein Aroma entwickelt. Dann wird es mit wenig Flüssigkeit (Wasser, Brühe, Wein) abgelöscht und zugedeckt weichgegart.

Auch das Garen in der Folie oder in Pergament ist eine Art Dünsten. Es ist das altbewährte Garen »en papillote« der Feinen Küche. Hierbei wird das Gargut in der Regel nur im eigenen Saft gegart. Da sich Dampf entwickelt, darf das Gargut nicht zu fest eingewickelt werden. Die Folie muß aber gut verschlossen sein, damit der Saft nicht herausfließt und das Aroma sich nicht verflüchtigt.

Zum Grillen benötigt man kein Fett oder nur wenig. Das macht Gegrilltes besonders bekömmlich. Grillen ist Garen mit trockener Hitze. Das Grillgut darf nicht im eigenen Saft oder in Fett garen. Bei der gußeisernen Grillpfanne verhindern das die Rillen am Pfannenboden. Beim Elektro- oder Backofengrill muß das Grillgut auf einen Rost gelegt werden. Dünne Stücke werden schnell bei starker Hitze, dicke Stücke langsam bei schwächerer Hitze gegrillt. Je dicker das Grillgut, desto schwächer die Hitze, damit es nicht außen verbrennt und innen noch roh ist.

Antihaftbeschichtete Pfannen sind für die fettreduzierte Küche unentbehrlich. Braten ganz ohne Fett ist darin zwar möglich, aber geschmacklich nicht immer befriedigend. Ich nehme meist ein wenig Olivenöl, so daß der Pfannenboden gerade mit einem leichten Fettfilm überzogen ist. Oft genügt auch ein Ausreiben mit etwas Öl. Achten Sie auch bei diesen Pfannen auf gute Qualität. In einer antihaftbeschichteten Pfanne kann man nicht scharf anbraten. Aber das ist sowieso nicht bekömmlich und bei Fisch und weißem Fleisch auch nicht nötig.

Neuerdings haben auch wir Europäer das Garen im Wok entdeckt. Da alles Bratgut nur kurz und »auf den Punkt« gegart wird, ist der Vitaminverlust gering. Fleisch, Fisch und Meeresfrüchte bleiben saftig. Gemüse behält seine Farbe und knackige Frische. Ein großer Vorteil des Pfannenrührens im Wok ist der geringe Fettverbrauch. Ein moderner Wok hat trotz verschieden großer oberer Weite einen flachen Boden von nur 15 Zentimetern Durchmesser. Um ihn zu bedecken, reicht wenig Öl aus. Der Boden einer normalen Pfanne hat einen weit größeren Durchmesser; so ist mehr Fett erforderlich.

Für schnelles fettarmes Kochen ist der Mikrowellenherd ideal. Tropfnasses Gemüse kann ohne Flüssigkeits- oder Fettzugabe in Minutenschnelle gegart werden. Es behält dabei das Aroma und die frische Farbe und braucht weniger gesalzen zu werden. Vitamine und Mineralstoffe laugen nicht aus. Nach dem Garen braucht man Brokkoli, Blumenkohl, Karotten und anderes Gemüse nur mit einem kleinen Stich Butter abzuschmecken. Aufwärmen lassen sich Speisen in der Mikrowelle schnell und gänzlich ohne Fett.

Wenn nicht anders angegeben, sind die Rezepte für 4 Portionen berechnet.

EL = Eßlöffel
TL = Teelöffel
kg = Kilogramm
g = Gramm
ml = Milliliter

Vorspeisen und Snacks

Traditionell gehört zu einem vollständigen Menü eine Vorspeise. Sie soll klein, pikant und hübsch garniert sein. Sie soll nicht sättigen, sondern nur Appetit auf den Hauptgang machen.

Heute sind die Eßgewohnheiten informeller geworden, und man ißt auch weniger. Die Vorspeisen verselbständigen sich; sie werden zu pikanten Kleinigkeiten, die zwischendurch oder nebenbei gegessen werden. Sie werden zu Snacks, zum Imbiß, den man im geselligen Kreis zu einem Glas Wein reicht.

Meine Rezepte versuchen, diesem Trend zu entsprechen. Die kleinen Gerichte lassen sich so und so verwenden. Sie können auch, leicht ergänzt oder abgewandelt, eine vollwertige kleine Mahlzeit abgeben.

Tomatenbruschetta

Servieren Sie diese Bruschetta als einfaches Abendessen mit einem Teller Käsewürfeln, einem Schälchen marinierter Oliven und einem Glas Landwein.

4 große Scheiben Bauernweißbrot, 2 cm dick geschnitten
2 EL Olivenöl

Für den Belag:
4 vollreife Fleischtomaten
2 Knoblauchzehen
1 EL italienischer Balsamessig (Aceto balsamico)
1 Spritzer Tabasco
2 EL frisches Basilikum, in feine Streifen geschnitten
Salz, frisch gemahlener schwarzer Pfeffer

Für den Belag die Tomaten am Stielansatz kreuzweise einritzen. In eine Schüssel legen, mit kochendem Wasser überbrühen und nach 30 Sekunden kalt abschrecken. Die Tomaten schälen, waagerecht halbieren und die Samen vorsichtig ausdrücken. Das Fruchtfleisch in kleine Würfel schneiden.

In einer Glasschüssel den Balsamessig mit einem Spritzer Tabasco und dem durchgepreßten Knoblauch verrühren. Die Tomatenwürfel zufügen und wenden. Mit Salz und Pfeffer würzen und das fein geschnittene Basilikum unterheben. Zugedeckt einige Zeit im Kühlschrank ziehen lassen.

In einer großen antihaftbeschichteten Pfanne das Olivenöl auf kleiner Flamme erhitzen. Die Brotscheiben einlegen und von beiden Seiten hell rösten. Mit den Tomaten belegen und sofort servieren.

Gebratene Pilze auf Vollkorntoast

Oft sind einfache Gerichte besonders gut – wie dieses kleine Pilzgericht. Es ist unkompliziert, schnell zubereitet und ausreichend für vier Personen als Vorspeise oder für zwei als kleiner Imbiß. Verwenden Sie dafür frische, große Champignons mit weit geöffneten Kappen.

8 große Champignons, geputzt
1 EL Olivenöl
1 kleine Schalotte, fein gewürfelt
2 TL Zitronensaft
2 TL Worcestershire-Sauce
1 EL fein geschnittene glatte Petersilie
4 Scheiben Vollkorntoast
Salz, frisch gemahlener schwarzer Pfeffer

Die Pilzstiele abdrehen und fein hacken. Das Öl in einer antihaftbeschichteten Pfanne erhitzen.

Die Pilze mit der Lamellenseite nach unten in die Pfanne legen, mit je einer Prise Salz und frisch gemahlenem Pfeffer würzen. Mit den fein gehackten Stielen und den Schalottenwürfeln umstreuen. Auf kleiner Flamme weichdünsten und wenden. Den Zitronensaft und die Worcestershire-Sauce in der Pfanne mit dem Bratfond der Pilze verrühren und über großer Flamme schnell etwas einkochen. Die Hälfte der Petersilie unterheben.

Die gerösteten Brotscheiben diagonal halbieren. Je 2 Hälften auf die Teller legen, mit dem Bratfond beträufeln, mit je einer Pilzkappe belegen und mit der restlichen Petersilie bestreuen.

Pilze à la grecque

Auf griechische Art – à la grecque – werden in der Feinen Küche Gemüsegerichte bezeichnet, die in einer scharf gewürzten Ölmarinade gegart und kalt als Vorspeise gereicht werden. Daß man die dazu verwendete Ölmenge sehr reduzieren kann, ohne daß das Gericht an Geschmack einbüßt, zeigt das folgende Gericht.

Für 4–6 Portionen:
750 g kleine feste Champignons, geputzt
2 Schalotten, sehr fein gewürfelt
1 Knoblauchzehe, durchgepreßt
3 EL Olivenöl
4 EL Sherry Amontillado
Saft und in feine Streifen geschnittene Schale von 1 unbehandelten Zitrone
1 kleine Dose Tomatenmark
2 TL brauner Rohrzucker oder 1 EL Birnendicksaft
2 TL Korianderkörner, grob zerstoßen
2 Lorbeerblätter
einige Spritzer Tabasco
1 EL fein geschnittenes Koriandergrün
Kirschtomaten und Salatblätter als Garnitur
Salz

Die Stiele der Champignons abschneiden und sehr fein hacken. Größere Champignonkappen halbieren oder vierteln.

In einer großen Sauteuse die Schalottenwürfel, den Knoblauch, die Champignonkappen und die gehackten Stiele im Olivenöl dünsten, bis die Pilze Saft ziehen. Den Sherry, den Zitronensaft und die Schalenstreifen sowie das Tomatenmark und den Zucker einrühren. Eine Prise Salz, die im Mörser grob zerstoßenen Korianderkörner und die Lorbeerblätter zufügen.

Unter Rühren zum Kochen bringen und auf kleiner Flamme weitergaren, bis die Pilzkappen weich sind. Mit einem Sieblöffel die Pilzkappen aus dem Sud heben und in eine Glasschüssel oder Terrine geben.

Den Sud auf großer Flamme um etwa die Hälfte einkochen. Mit Tabasco scharf abschmecken und das Koriandergrün – ersatzweise glatte Petersilie – unterheben. Heiß über die Pilze geben. Zugedeckt abkühlen lassen, danach mindestens 12 Stunden im Kühlschrank marinieren.

Die marinierten Pilze auf Salatblättern anrichten, mit der Sauce überziehen und mit halbierten Kirschtomaten umlegen.

Staudensellerie à la grecque

Wie die Pilze à la grecque (Rezept Seite 17) ist auch dieses Gericht in einer würzigen Ölmarinade gegart.

Eine große Staude Sellerie waschen und putzen. Die Stangen in 2 Zentimeter dicke Scheibchen schneiden. Auf die gleiche Art und mit den gleichen Zutaten zubereiten wie die Pilze à la grecque. Dabei das Koriandergrün durch zarte Sellerieblättchen ersetzen.

Bohnen-Antipasto

Verwenden Sie für dieses Rezept Cannellini-Bohnen. Die mittelgroßen Bohnen sind mehligkochend und zerfallen beim Übergaren. Prüfen Sie daher wiederholt nach etwa 30 Minuten Garzeit, ob die Bohnen weich sind. Eine genaue Garzeit kann man nicht angeben, da diese davon abhängt, wie lange die Bohnen gelagert wurden.

Sie können die Bohnen als einfaches Antipasto, aber auch als kleine Mahlzeit reichen. Vermischen Sie die Bohnen dann mit einer Dose Thunfisch von bester Qualität, einem Gläschen Kapern und einer Handvoll Tomatenwürfeln.

Für 4–6 Portionen:
250 g weiße Bohnen
1 Zwiebel, geschält
2 Lorbeerblätter
2 Gewürznelken
Saft von 1 Zitrone
4 EL fruchtiges Olivenöl
2 EL fein geschnittene Kräuter (Thymian, Salbei oder Minze)
Salz, frisch gemahlener schwarzer Pfeffer

Die Bohnen am Vorabend in reichlich kaltem Wasser einweichen, abgießen und in frischem Wasser aufsetzen. Falls es schnell gehen soll, die Bohnen in der doppelten Menge kaltem Wasser aufsetzen, aufkochen und abseits vom Feuer 1 Stunde quellen lassen. Das Einweichwasser abgießen und die Bohnen mit frischem Wasser aufsetzen.

Die Zwiebel halbieren und mit einer Gewürznelke auf jede Hälfte ein Lorbeerblatt heften. Die »gespickten« Zwiebelhälften zufügen. Zum Kochen bringen und die Bohnen auf kleiner Flamme weichgaren. Nach etwa 30 Minuten von Zeit zu Zeit prüfen, wie weich die Bohnen sind. Sie dürfen nicht zerfallen. Danach die gespickten Zwiebelhälften entfernen, das Kochwasser abgießen und die Bohnen in eine Porzellanschüssel schütten.

Den Zitronensaft mit dem Olivenöl sowie Salz und frisch gemahlenem Pfeffer zu einer Marinade verquirlen. Die noch heißen Bohnen damit überziehen und darin wenden. Mit Salz und Pfeffer abschmecken und fein geschnittene Kräuter – entweder frischen Thymian oder Salbei oder Minze – unterheben. Zugedeckt in der Marinade mindestens 2 Stunden ziehen lassen.

Lauch-Vinaigrette mit Parmesanspänen

Bereiten Sie dieses Gericht aus den knapp daumendicken Stangen des Sommerlauchs zu. Der robuste Herbst- und Winterlauch hat nicht mehr die Zartheit und Süße, die den Sommerlauch zu einer Delikatesse machen. Parmesanspäne lassen sich mit einem Sparschäler ganz einfach von einem Stück Parmesan abhobeln.

Auf die gleiche Art können Sie auch weißen und grünen Spargel zubereiten.

16 junge Lauchstangen
2 EL kleine Tomatenwürfel
Parmesanspäne als Garnitur
Salz

Für die Vinaigrette:
2 EL Olivenöl
2 EL warmer Lauchsud
1 EL milder Weißweinessig
1 TL Birnendicksaft
2 TL fein geschnittener Schnittlauch
Salz, frisch gemahlener Pfeffer

Die Lauchstangen putzen, gründlich waschen und auf eine Länge von etwa 20 Zentimeter zurechtschneiden.

Zwei lange grüne Lauchblätter längs halbieren, so daß man 4 schmale Streifen erhält. Diese in kochendem Salzwasser blanchieren, damit sie geschmeidig werden, und kalt abschrecken. Zum Binden der Lauchbündel bereithalten.

Die Lauchstangen in leicht gesalzenem Wasser weich garen. Herausheben und auf Küchenpapier abtropfen lassen. Je 4 Stangen mit einem Lauchstreifen zu einem Bündel binden.

Für die Vinaigrette das Olivenöl mit dem Lauchsud, dem Weißweinessig, dem Birnendicksaft sowie mit 1 Prise Salz und frisch gemahlenem Pfeffer verquirlen. Zuletzt den Schnittlauch unterheben.

Die Lauchbündel auf die Teller plazieren. Mit der Vinaigrette überziehen und mit Tomatenwürfeln und Parmesanspänen umstreuen.

Lauchküchlein mit Morcheln

Auf einer ofenfesten Platte können die Lauchküchlein einige Zeit im Backofen warmgehalten werden.

200 g weiße und hellgrüne Lauchabschnitte
4 getrocknete Morcheln
1 EL Olivenöl
1 EL Sherry
80 g Mehl
1/8 l fettarme Milch
1 Ei
1 TL Butter
Salz, frisch gemahlener Piment

Den Lauch längs halbieren und gründlich unter heißem Wasser waschen. Abtropfen lassen und quer in dünne Streifen schneiden. Die Morcheln 20 Minuten in einer Tasse lauwarmem Wasser einweichen, ausdrücken und fein hacken.

Das Olivenöl erhitzen und die gehackten Morcheln einstreuen. Leicht salzen und unter ständigem Rühren einige Minuten andünsten. Mit dem Sherry beträufeln und die Lauchstreifen zufügen. Unter Rühren auf kleiner Flamme weichdünsten. Danach die Hitze verstärken und die Flüssigkeit ganz einkochen lassen. Das Gemüse mit Salz sowie frisch gemahlenem Piment abschmecken und abkühlen lassen.

Das Mehl mit der Milch und dem Ei verquirlen. Anschließend die Lauchstreifen unterheben. Die Masse nochmals abschmecken. In einer antihaftbeschichteten Pfanne die Butter erhitzen und darin auf mittlerer Flamme kleine Küchlein ausbacken. Heiß servieren.

Lachs-Ceviche

Diese besondere Art, rohen Fisch in Limettensaft zu garen, ist in Mexiko üblich und in der modernen Küche aufgenommen worden. Dabei wird sehr frischer Fisch in Limettensaft eingelegt, bis sein Fleisch glasig ist.

250 g sehr frisches Lachsfilet
Saft von 3 Limetten
4 EL Olivenöl
einige Spritzer Tabasco
2 EL kleine Tomatenwürfel
1 reife Avocado, fein gewürfelt
2 TL fein geschnittenes Koriandergrün
2 TL fein geschnittener Schnittlauch
Salz, frisch gemahlener schwarzer Pfeffer

Das Lachsfilet mit einem scharfen Messer in dünne Scheiben schneiden. Die Scheiben zwischen zwei Bogen Frischhaltefolie legen und vorsichtig flachpressen.

Den Saft von 2 Limetten mit dem Olivenöl, einigen Tropfen Tabasco und 1 Prise Salz zu einem Dressing verquirlen. Die Mitte von 4 Tellern mit etwas Dressing dünn bestreichen. Darauf die Lachsscheiben breiten, mit dem Saft der dritten Limette beträufeln, mit frisch gemahlenem Pfeffer bestreuen und etwa 5 Minuten in den Kühlschrank geben.

Inzwischen die Tomaten- und Avocadowürfel mit dem Koriandergrün sowie dem Schnittlauch vermischen und im restlichen Dressing wenden. Mit dieser Mischung die marinierten Lachsscheiben umlegen und servieren.

Buchweizencrêpes mit Räucherlachsfüllung

Eine elegante Vorspeise für 4 Personen oder ein festlicher kleiner Imbiß für 2 Personen, den Sie vorbereiten können. Vor dem Servieren können Sie die Crêpe-Rollen mit der restlichen Füllcreme dünn bestreichen und mit Dill garnieren.

Seit einiger Zeit sind cremige Quarkzubereitungen auf dem Markt, die weniger als 1 Prozent Fett enthalten (so die milde Exquisa-Quarkzubereitung, der Blanc battu aus der Schweiz oder der fein säuerliche Fromage frais aus der Normandie). Sie eignen sich vorzüglich für feine Füllungen und leichte Mousses.

200 g Magerquarkzubereitung
200 g Frischkäse halbfett
1 EL Dill, fein geschnitten
1 EL fein geschnittener Schnittlauch
1 kleines Glas Lachs- oder Forellenkaviar
4–6 große Scheiben Räucherlachs, dünn geschnitten
Salz, frisch gemahlener schwarzer Pfeffer
Salatblätter und Radieschen als Garnitur

Für die Buchweizencrêpes:
40 g Mehl
40 g Buchweizenmehl
1 Ei
1 EL Olivenöl
1/8 l fettarme Milch
1 Prise Salz

Für die Crêpes die beiden Mehlsorten und 1 Prise Salz in einer Schüssel vermischen. Das Ei, das Öl und die Milch zufügen und alles zu einem nicht zu dickflüssigen Teig verquirlen. Falls nötig, noch etwas Milch zufügen. Den Teig etwa 30 Minuten ruhen lassen.

In einer antihaftbeschichteten Pfanne von 20 Zentimeter Durchmesser auf mittlerer Flamme dünne Crêpes hell ausbacken und auskühlen lassen. Sie benötigen 4 Crêpes (die restlichen lassen sich einfrieren).

Für die Füllung die beiden Käse verrühren und mit Salz und Pfeffer abschmecken. Den fein geschnittenen Dill und Schnittlauch sowie den Lachskaviar unterheben.

Die Crêpes auf je einem großen Stück Frischhaltefolie ausbreiten. Mit der Käsemasse bestreichen und mit dem Räucherlachs belegen. Zu Rouladen aufrollen und fest in die Frischhaltefolie wickeln. Einige Stunden bis zum Servieren in den Kühlschrank geben.

Die Rouladen aus der Folie wickeln, mit einem Schrägschnitt halbieren und je 2 Hälften pro Person anrichten. Mit zarten Salatblättern und Radieschen garnieren.

Avocado-Timbales

Timbales sind kleine Becherpasteten der feinen Küche mit kalorienreichen Füllungen. Diese zarte Avocado-Mousse ist leicht. Sie können sie in einen Mantel aus Parmaschinken oder Räucherlachs hüllen.

8 dünne Scheiben Räucherlachs oder Parmaschinken
2 große reife Avocados
1 Limette, Saft und Schale
1/8 l Gemüsebouillon (aus Bouillonwürfeln)
2 TL gemahlene Gelatine oder 1/4 TL Agar-Agar
150 g cremig gerührter fettarmer Joghurt
1 Spritzer Tabasco
1 Kästchen Kresse als Garnitur
Salz

Vier Porzellanförmchen von je 125 ml Inhalt kalt ausspülen, nicht abtrocknen und so mit Frischhaltefolie auslegen, daß diese die Ränder weit überlappt. Danach mit Räucherlachs oder Parmaschinken auskleiden.

Für die Avocado-Mousse die Gemüsebouillon mit dem Gelatinepulver verrühren. Erhitzen, bis sich das Pulver gelöst hat. Bei der Verwendung von Agar-Agar muß die Flüssigkeit etwa 2 Minuten auf kleiner Flamme kochen. Die Flüssigkeit abkühlen lassen.

Die Avocados halbieren, die Steine entfernen und das Fruchtfleisch mit einem Löffel herausheben. Sofort mit dem Limettensaft beträufeln, damit es sich nicht verfärbt. Im Mixer mit der abgekühlten Bouillon pürieren. In eine Schüssel umfüllen und mit dem Joghurt vermischen. Mit Salz und einigen Spritzern Tabasco abschmecken. Die in feine Streifen geschnittene Limettenschale unterheben.

Die Mousse in die ausgekleideten Formen füllen und zugedeckt 1 bis 2 Stunden zum Festwerden in den Kühlschrank stellen. Danach die Timbales mit Hilfe der Frischhaltefolie vorsichtig aus den Formen heben. Auf Teller stürzen und mit Kresse garnieren.

Forellenmousse

Eine leichte Mousse, die Sie entweder als Nocken oder in Portionsförmchen servieren können. Reichen Sie Toast dazu.

4 geräucherte Forellenfilets
1/8 l Fischfond (im Glas erhältlich)
1 EL Sherry
2 TL gemahlene Gelatine oder 1/4 TL Agar-Agar
150 g fettarmer Hüttenkäse
1 EL Tafelmeerrettich
einige Spritzer Zitronensaft
Salz

Die Forellenfilets mit einer Gabel zerpflücken. Den Fischfond mit dem Sherry vermischen und die Gelatine einrühren. Unter Rühren erhitzen, bis die Gelatine sich gelöst hat. Bei der Verwendung von Agar-Agar muß die Flüssigkeit etwa 2 Minuten auf kleiner Flamme kochen. Die Flüssigkeit abkühlen lassen.

Die zerpflückten Forellenfilets zusammen mit dem Fischfond und dem Hüttenkäse im Mixer pürieren. Die Masse mit Tafelmeerrettich, Zitronensaft und etwas Salz abschmecken. In Portionsförmchen oder in eine Schüssel füllen und im Kühlschrank in etwa 2 Stunden fest werden lassen.

Die Portionsförmchen mit einem Tupfer Tafelmeerrettich garnieren. Oder von der Mousse mit einem zuvor in heißes Wasser getauchten Eßlöffel Nocken abstechen und auf Salatblätter plazieren. Dazu Toast reichen.

Zucchiniterrine mit roter Paprikasauce

Die Zucchiniterrine ist unkompliziert, aber effektvoll. Sie kann als Vorspeise oder leichte Mahlzeit serviert werden.

300 g Zucchini, geschält und gewürfelt
2 Schalotten, gewürfelt
1 Knoblauchzehe, gepreßt
1 TL frischer Thymian, fein gehackt
2 EL Olivenöl
200 g Frischkäse halbfett
3 Eier, getrennt
1 Prise Safran oder Kurkuma (Gelbwurzpulver)
Salz, frisch gemahlener schwarzer Pfeffer
gezupfte Blattpetersilie als Garnitur

Für die Sauce:
3 große rote Paprikaschoten
1 Zwiebel, gewürfelt

1 Stange Staudensellerie, in dünne Scheiben geschnitten
2 TL Olivenöl
1/4 l Hühner- oder Gemüsebouillon aus Extrakt
1 Spritzer Tabasco
Salz

Die Zucchiniwürfel zusammen mit den Schalottenwürfeln, dem Knoblauch und dem Thymian im Öl andünsten und abkühlen lassen.

Den Frischkäse mit dem Eigelb im Mixer glattrühren. Falls nötig, löffelweise etwas Milch zufügen. Danach die Zucchini einmischen. Die Masse mit einer Prise Safran oder Kurkuma gelb färben, mit Salz und Pfeffer abschmecken und in eine Schüssel geben. Das Eiweiß steif schlagen und unterziehen.

Eine Terrinenform von 0,7 Liter Inhalt ausfetten und den Boden mit Backtrennpapier auslegen. Die Masse einfüllen und die Oberfläche glattstreichen. Die Terrine in ein heißes Wasserbad setzen und etwa 45 Minuten bei 160° C im Ofen garen. Die Terrine ist gar, wenn die Masse auf Fingerdruck nur wenig nachgibt.

Unterdessen für die Sauce den Stielansatz und Samenstand der Paprikaschoten entfernen und das Fruchtfleisch würfeln. Die Zwiebelwürfel mit den Selleriescheiben im Olivenöl andünsten. Die Paprikawürfel einrühren und die Brühe zugießen. Zum Kochen bringen und das Gemüse auf kleiner Flamme weichgaren. Danach mit dem Pürierstab oder im Mixer zu einer glatten Sauce verarbeiten. Nach Belieben noch durch ein feines Sieb passieren. Mit Salz und einem Spritzer Tabasco abschmecken.

Die Terrine stürzen und in Scheiben schneiden. Auf vorgewärmten Tellern anrichten, mit der Paprikasauce umgießen und mit einigen Petersilienblättchen garnieren.

Provenzalische Zwiebelwähe »Pissaladière«

Die Pissaladière ist eine Spezialität aus Nizza. Sie ist nach der Pissala benannt, einer würzigen Sardellenpaste, die heute meist durch Sardellenfilets ersetzt wird. Nehmen Sie für den Belag ungefärbte schwarze provenzalische oder griechische Kalamata-Oliven. Mit einem Tomatensalat und einem Glas Rotwein ergibt die Pissaladière eine leichte sommerliche Mahlzeit.

Für den Teig:
250 g Mehl
je 1 Prise Salz und Zucker
10 g frische Hefe
1/8 l lauwarmes Wasser
1 EL Olivenöl

Für den Belag:
1 kg Gemüsezwiebeln
2 Knoblauchzehen
4 EL Olivenöl
2 Lorbeerblätter
2 TL Herbes de Provence (Provenzalische Kräutermischung)
4 EL trockener Weißwein
1 EL kleine Kapern
10 Sardellenfilets, in etwas Milch eingeweicht
etwa 20 schwarze Oliven
Salz, frisch gemahlener schwarzer Pfeffer

Für den Belag die Gemüsezwiebeln schälen und in sehr dünne Ringe schneiden. Zusammen mit dem durchgepreßten Knoblauch in 2 Eßlöffeln Olivenöl auf kleiner Flamme weichdünsten. Die Lorbeerblätter und die Herbes de Provence einstreuen. Den Weißwein zugießen, damit die Zwiebeln nicht bräunen, sondern zermusen.

Mit wenig Salz und reichlich frisch gemahlenem Pfeffer würzen. Auf kleiner Flamme weichdünsten. Danach die Lorbeerblätter entfernen und die Kapern unterheben. Die Zwiebelmasse abkühlen lassen.

Für die Garnitur die Sardellenfilets etwa 15 Minuten in Milch einlegen, um ihnen überschüssiges Salz zu entziehen. Danach trockentupfen und längs halbieren.

Für den Hefeteig das Mehl zusammen mit je einer Prise Salz und Zucker in eine Schüssel sieben. Eine Vertiefung in das Mehl drücken und die in etwa 4 Eßlöffel lauwarmem Wasser aufgelöste Hefe hineingießen. Das Mehl vom Rand zur Mitte hin einarbeiten. Dabei nach und nach das restliche Wasser und zuletzt das Olivenöl zufügen. Den weichen Teig so lange kneten, bis er elastisch ist und sich leicht von der Hand löst. Den Teig abdecken und warmgestellt etwa 30 Minuten gehen lassen, bis er sein Volumen verdoppelt hat.

Anschließend den Teig nochmals durcharbeiten. Auf einer bemehlten Arbeitsfläche dünn ausrollen und ein gefettetes Blech oder eine große Pizzaform auslegen. Dabei den Teig an den Rändern etwas hochziehen. Den Teigboden mit einer Gabel mehrmals einstechen.

In einem 220° C heißen Ofen etwa 10 Minuten vorbacken. Herausnehmen und mit der abgekühlten Zwiebelmasse gleichmäßig bestreichen. Mit den Sardellenstreifen gitterförmig belegen und dazwischen die Oliven in die Zwiebelmasse drücken. Den Teigrand mit etwas Olivenöl bestreichen.

Nochmals für etwa 20 Minuten in den Ofen geben, bis die Teigränder braun und knusprig sind.

Scrocchi

Dieses einfache italienische Knabbergebäck ist genauso knusprig, wie sein Name klingt – und es ist weniger fett und weniger salzig als die üblichen Chips. Reichen Sie es zu Dips oder einem Glas Wein. Statt Rosmarin können auch klein gehackte Oliven in den Teig eingearbeitet werden. In einer Blechdose luftdicht verschlossen, bleiben die Scrocchi mehrere Tage schön knusprig.

Für 2 Bleche:
250 g Mehl
je 1 Prise Salz und Zucker
1 EL geriebener Parmesan
2 TL fein gehackter frischer Rosmarin
10 g frische Hefe
1/8 l lauwarmes Wasser
1 EL Olivenöl

Das Mehl zusammen mit je 1 Prise Salz und Zucker in eine Schüssel sieben. Den geriebenen Parmesan und den fein gehackten Rosmarin untermischen. Eine Vertiefung in die Mehlmitte drücken. Die Hefe in 3 bis 4 Eßlöffel lauwarmem Wasser auflösen und in die Vertiefung gießen. Das Mehl vom Rand zur Mitte hin einarbeiten. Dabei nach und nach das restliche Wasser und zuletzt das Olivenöl zufügen. Den weichen Teig solange kneten, bis er elastisch ist und sich leicht von der Hand löst. Abdecken und warmgestellt gehen lassen, bis er sein Volumen verdoppelt hat.

Den Teig nochmals durcharbeiten, halbieren und zu 2 Teigplatten von 1 Zentimeter Dicke ausrollen. Die Teigplatten mit einem sauberen Küchentuch abdecken und ein zweites Mal warmgestellt gehen lassen. Danach jede Teigplatte auf der bemehlten Arbeitsfläche durchkneten, ganz dünn ausrollen und mit einer Gabel mehrfach einstechen. Mit dem Teigrad in kleine Rauten oder Rechtecke schneiden, die nicht zu exakt zu sein brauchen.

Die Scrocchi auf die mit Backtrennpapier ausgelegten Bleche setzen und im 220° C heißen Ofen in etwa 6 Minuten hell ausbacken. Aufpassen, daß sie nicht zu braun werden. Aus dem Ofen nehmen und auf dem Blech abkühlen lassen. Die Ofenhitze auf 150° C reduzieren und die Scrocchi einige Minuten nachbacken, so daß sie schön knusprig werden. Auf einem Kuchengitter auskühlen lassen.

Zu folgenden Dips können Sie die Scrocchi reichen: Tapenade (Rezept s.u.), Auberginen-Dip (Rezept Seite 32), Hummus (Rezept Seite 33), Guacamole (Rezept Seite 34).

Tapenade

Die Tapenade ist eine Oliven-Kapernpaste aus der Provence. (Das provenzalische Wort »tapeno« bedeutet Kaper.) Man kann die Paste zwar fertig in Gläsern kaufen, doch dank moderner Küchentechnik kann man sie auch im Handumdrehen selber machen. Verwenden Sie milde Oliven dazu und spülen Sie sie vorher gründlich ab, damit die Tapenade weniger salzig wird.

Streichen Sie die Tapenade auf geröstetes Baguettebrot und reichen Sie einen Tomatensalat dazu. Wenn Sie dieses Olivenpüree mit einer Dose zerpflücktem Thunfisch vermischen, haben Sie eine Spaghetti-Sauce mit mediterranem Flair.

250 g schwarze Oliven
2 Sardellenfilets in Öl
1 kleines Glas Kapern (Abtropfgewicht 20 g)
1 Knoblauchzehe
1 TL fein gehackter Thymian
Saft von 1/2 Zitrone
4 EL fruchtiges Olivenöl
1 TL Cognac (nach Belieben)
frisch gemahlener schwarzer Pfeffer

Die Oliven in ein Sieb schütten, kalt abspülen, gründlich abtropfen lassen und entsteinen. Zusammen mit den Sardellenfilets, den

Kapern, der Knoblauchzehe, dem Thymian und dem Zitronensaft in der Küchenmaschine pürieren. Zuletzt das Öl einlaufen lassen. Mit frisch gemahlenem schwarzen Pfeffer und nach Belieben mit einem Spritzer Cognac abschmecken.

In einem Schraubglas verschlossen, hält sich die Tapenade etwa 10 Tage im Kühlschrank.

Auberginen-Dip

Im gesamten Mittelmeerraum findet man einander ähnliche Auberginenpürees, die mit Minze, Koriandergrün, Kreuzkümmel oder Sesampaste gewürzt oder, wie in Griechenland, noch mit Tomatenwürfeln vermischt sind.

Das folgende Rezept ist meine Blitzversion aus dem Mikrowellenherd. Selbstverständlich können Sie die Auberginen auch etwa 45 Minuten im Ofen garen. Vergessen Sie beide Male nicht, die Schale der Auberginen vorher mehrmals mit einer Gabel einzustechen. Sonst kann es passieren, daß sie sowohl im Ofen wie in der Mikrowelle zerplatzen.

2 Auberginen von je etwa 200 g
1–2 Knoblauchzehen
Saft von 1/2 Zitrone
3 EL Olivenöl oder
3 EL Sesampaste
1 Spritzer Tabasco
2 TL fein geschnittenes Koriandergrün oder Minze
1 EL Sesamsaat, hell geröstet
Salz, frisch gemahlener schwarzer Pfeffer

Den Stielansatz der Auberginen abschneiden und die Schale mehrmals mit einer Gabel einstechen. Die Auberginen in Küchenpapier wickeln und etwa 5 Minuten im Mikrowellenherd garen. Im ausgeschalteten Herd 5 Minuten ruhen lassen. Danach halbieren und prüfen, ob die Auberginen weich sind. Je nach Dicke nochmals 1 Minute zugedeckt nachgaren.

Das Fruchtfleisch mit einem Löffel aus den Schalen schaben und noch warm mit dem durchgepreßten Knoblauch, dem Zitronensaft, dem Olivenöl oder der Sesampaste im Mixer oder mit dem Pürierstab vermischen. Mit Salz und frisch gemahlenem schwarzem Pfeffer abschmecken. Das fein geschnittene Koriandergrün oder die Minze unterheben und das Püree mit der gerösteten Sesamsaat bestreuen.

In einem verschlossenen Schraubglas hält sich das Auberginenpüree etwa 2 Tage im Kühlschrank.

Hummus

Ein Dip aus dem Libanon, den Sie zu Fladenbrot oder rohen Gemüsestreifen servieren können. Wenn Sie das Püree etwas dicker halten, ergibt es einen guten Brotaufstrich.

1 Dose Kichererbsen (Abtropfgewicht 240 g)
1 Knoblauchzehe, geschält
2 EL Sesampaste
1 EL fruchtiges Olivenöl
Saft von 1/2 Zitrone
Salz, frisch gemahlener schwarzer Pfeffer
1 Prise Paprikapulver und Zitronenscheiben als Garnitur

Die Kichererbsen aus der Dose auf ein Sieb schütten, kalt abspülen und abtropfen lassen. Die Häutchen, die sich gelöst haben, entfernen. Die Kichererbsen zusammen mit dem Knoblauch, der Sesampaste und dem Olivenöl im Mixer oder mit dem Pürierstab pürieren. Mit Zitronensaft, Salz und frisch gemahlenem Pfeffer abschmecken. In eine Schale füllen, mit Paprika bestreuen und mit halbierten dünnen Zitronenscheiben umlegen.

Guacamole

Die mexikanische Guacamole ist vielseitig. Sie läßt sich als Dip für Chips, als eine Art kalter Remoulade, aber auch als Brotaufstrich verwenden.

2 reife Avocados
Saft von 1 Limette
2 Knoblauchzehen, gepreßt
1/2 rote Chilischote, entkernt und fein gehackt
2 EL Tomatenwürfel
2 TL fein geschnittenes Koriandergrün
Salz

Die Avocados halbieren und die Kerne entfernen. Das Fruchtfleisch mit einem Löffel aus den Schalen heben und in eine Schüssel geben. Mit dem Limettensaft beträufeln und mit dem Pürierstab pürieren.

Mit den durchgepreßten Knoblauchzehen, der fein gehackten Chilischote (oder mit einigen Spritzern Tabasco) vermischen und mit Salz abschmecken. Zuletzt die Tomatenwürfel und das fein geschnittene Koriandergrün unterheben. Die Guacamole erst kurz vor dem Servieren zubereiten.

Marinierte Oliven

Das Schneiden feiner Schalenstreifen von Zitrusfrüchten gelingt am besten mit einem Zesten- oder Streifenschneider. Dieser Küchenhelfer ist nicht teuer und in jedem guten Küchengeschäft erhältlich.

Für 250 Gramm:
250 g Kalamata-Oliven, in Lake eingelegt (Abtropfgewicht)
Saft von 1/2 Zitrone
6 EL Olivenöl
2 Knoblauchzehen, fein gehackt
1/2 rote Chilischote, entkernt und fein gehackt
1 TL fein gehackter Zitronenthymian
dünne Schalenstreifen von einer unbehandelten Zitrone

Die Oliven aus der Lake auf ein Sieb schütten, kalt abspülen und gründlich abtropfen lassen. Anschließend mit einem kleinen spitzen Messer die Oliven längs einschneiden, damit sie besser von der Marinade durchzogen werden.

In einer Glasschüssel den Zitronensaft mit dem Olivenöl verquirlen und mit den restlichen Zutaten vermischen. Die Oliven unterheben. Zugedeckt im Kühlschrank 2 Tage marinieren. Vor dem Servieren Zimmertemperatur annehmen lassen.

Griechisches Sandwich

Sandwiches sind wieder en vogue – beim Picknick wie im Büro oder als Finger Food zu Drinks. Dieses und das folgende Rezept zeigen, daß ein Sandwich nicht nur ein zierliches Häppchen sein muß, sondern auch eine komplette Mahlzeit sein kann.

Bestreichen Sie das Fladenbrot nicht mit Butter, sondern mit Crème fraîche, die Sie mit einigen Löffeln fettarmer Quarkzubereitung vermischen. Das ist nicht nur leichter, sondern schmeckt auch frischer. Statt Fladenbrot können Sie auch Vollkorntoast verwenden.

1 rundes Fladenbrot
Crème fraîche und fettarme Quarkzubereitung zum Bestreichen

Für den Belag:
Hummus aus der angegebenen Zutatenmenge (Rezept Seite 33)
1 Gemüsezwiebel, in feine Ringe geschnitten
2 EL Weißwein
1/4 Salatgurke, fein gewürfelt
1 kleine grüne Paprikaschote, fein gewürfelt
2 Fleischtomaten, in Scheiben geschnitten
Salatblätter
Salz, frisch gemahlener schwarzer Pfeffer

Für die Füllung die Zwiebelringe in eine antihaftbeschichtete Pfanne legen, mit dem Wein beträufeln und leicht salzen. Zugedeckt auf kleiner Flamme weich dünsten und abkühlen lassen.

Hummus aus den auf Seite XX angegebenen Zutaten zubereiten. Das Fladenbrot waagerecht aufschneiden und beide Hälften dünn mit einer Mischung aus Crème fraîche und Quarkzubereitung bestreichen.

Auf die untere Brothälfte dick Hummus aufstreichen. Darauf die gedünsteten Zwiebelringe legen und dicht mit den Gurken- und Paprikawürfeln bestreuen. Mit den Tomatenscheiben belegen, leicht salzen und Pfeffer aus der Mühle darübermahlen. Die andere Brothälfte auflegen und das gefüllte Brot in Frischhaltefolie wickeln. Bis zum Servieren mit einem Schneidbrett leicht beschweren.

Das Brot wie eine Torte aufschneiden und jedes Stück in eine gefaltete weiße Papierserviette legen.

Nizzaer Sandwich »Pan-bagnat«

Nach dem ›Larousse Gastronomique‹ ist diese Spezialität aus Nizza »eine Art Sandwich, gefüllt mit mediterranen Zutaten«. Das Brot war ursprünglich eine Scheibe altbackenes Weißbrot, die zuunterst in eine mit einer Salade niçoise gefüllten Schüssel gelegt wurde. Vom würzigen Olivenöl »gebadet« (»bagnat« bedeutet »baigné«), wurde es zum Schluß gegessen.

Heute versteht man darunter ein flaches, handflächengroßes rundes Brot, das mit Tomaten- und Eischeiben, Zwiebelringen, Paprika- und Sardellenstreifen sowie schwarzen Oliven gefüllt ist. Es ist eine komplette Mahlzeit und ein Musterbeispiel für die »mediterrane Diät«.

4 Pan-Bagnats, ersatzweise Vinschgauer Fladenbrote oder große Vollkornbrötchen
2 Fleischtomaten, in Scheiben geschnitten
2 hartgekochte Eier, in Scheiben geschnitten
2 rote Zwiebeln, in dünne Ringe geschnitten
1 grüne Paprikaschote, in dünne Streifen geschnitten
4 Sardellenfilets in Öl
einige schwarze Oliven ohne Stein

Für die Vinaigrette:
4 EL fruchtiges Olivenöl
1 EL Weinessig
1 Knoblauchzehe, durchgepreßt
Salz, frisch gemahlener schwarzer Pfeffer

Für die Vinaigrette die angegebenen Zutaten verquirlen.

Das Brot oder die Brötchen waagerecht so halbieren, daß die beiden Hälften noch zusammenhängen. Leicht aushöhlen und die Krumen für ein anderes Gericht verwenden.

Die unteren Brothälften dick mit Tomatenscheiben, Zwiebelringen und Paprikascheiben belegen. Darauf die Eischeiben und Sardellenfilets sowie einige Oliven verteilen und reichlich mit der Vinaigrette beträufeln.

Die beiden Hälften zusammendrücken und fest in Frischhaltefolie wickeln. Einige Zeit kühlstellen, bis das Brot gut durchgezogen ist.

Salate

Salate sind Gerichte, die aus Kräutern, Pflanzen, Gemüsen, Eiern, Fleisch und Fisch zubereitet und mit Öl, Essig und Salz gewürzt sind. Es gibt zwei Arten von Salaten – einfache und zusammengesetzte. – So die klassische Definition des Salats aus dem klassischen ›Larousse Gastronomique‹. Salate aus Kräutern und Pflanzen gehören zu den ältesten Gerichten überhaupt. Auch die Vinaigrette, unsere gängigste Salatsauce, war schon den alten Griechen bekannt.

In den folgenden Rezepten habe ich den Blatt- und Gemüsesalaten den Vorzug vor Fleischsalaten gegeben, die in ihrer üblichen Ausführung für die »schlanke« Küche zu schwer sind. Verwenden Sie für die einfachen Salate immer das Angebot der Saison, und geben Sie Freilandsalaten den Vorzug gegenüber Treibhaussalaten. Die zusammengesetzten Salate sind so leicht wie möglich gehalten und verzichten auf kalorienreiche Saucen. Sie lassen sich auch als Vorspeise servieren oder geben sogar eine leichte Mahlzeit ab.

Salatherzen mit Roquefort-Dressing und Trauben

Wenn es im Sommer grünen Salat mit festen Köpfen im Überfluß gibt, bereite ich Salat gern auf die folgende Art zu. Halbieren Sie die Trauben, dann mischt sich ihr Saft mit dem Dressing, und sie rollen überdies nicht so leicht von der Gabel.

2 feste Salatköpfe
1 Handvoll kernlose Trauben
2 EL grob gehackte Walnußkerne
2 TL fein geschnittener Schnittlauch
Für das Dressing:
60 g Roquefort
100 g cremig gerührter fettarmer Joghurt
1 TL Cognac (nach Belieben)
Saft von 1/2 Zitrone
Salz, frisch gemahlener Pfeffer

Von den Salatköpfen die grünen Außenblätter abtrennen und für einen anderen Salat verwenden. Die festen Herzen längs vierteln, waschen und gründlich abtropfen lassen. Die Trauben waschen und halbieren.

Den Roquefort mit einer Gabel zerdrücken und mit dem Joghurt verrühren. Mit einem Spritzer Cognac, dem Zitronensaft, wenig Salz und frisch gemahlenem Pfeffer abschmecken.

Je 2 Salatviertel auf die Teller plazieren und mit dem Roquefort-Dressing überziehen. Mit den Trauben und gehackten Nüssen umstreuen und mit dem Schnittlauch garnieren.

Marokkanischer Karottensalat

Diesen vom Duft der Gewürze durchzogenen Salat können Sie als appetitanregende Vorspeise, als Teil einer Mezze-Platte – den orientalischen Antipasti – oder als Beilage zu Hühnerfleischspießchen reichen. Süßen Sie mit Akazienhonig; er kristallisiert nicht aus und hat einen milden unaufdringlichen Geschmack.

Im Sommer serviere ich diesen Salat gern als leichten Imbiß auf grünen Salatblättern und gebe pro Person 2 bis 3 Eßlöffel Hüttenkäse hinzu. Diesen vermische ich mit etwas Salatmarinade, richte ihn kuppelförmig auf Ananasscheiben an und garniere ihn mit Walnußhälften.

500 g Karotten, geputzt
1 große Orange
2 EL Korinthen
2 TL fein geschnittene frische Minze
2 TL fein geschnittenes Koriandergrün (nach Belieben)
Eissalatblätter als Garnitur

Für die Marinade:
1/2 TL gemahlener Zimt
1 Prise gemahlener Kreuzkümmel
1 Prise Salz
1 Prise Cayennepfeffer oder
1 Spritzer Tabasco
Saft von 1 kleinen Orange
Saft von 1/2 kleinen Zitrone
1 EL Akazienhonig
2 TL Walnuß- oder Olivenöl
2 TL Orangenblütenwasser

Die Karotten grob raspeln oder in der Küchenmaschine in dünne Julienne-Streifen schneiden. Die Orange schälen, in Schnitze zerteilen und diese quer in 3 Stückchen schneiden.

In einer Glas- oder Porzellanschüssel Karottenstreifen und Orangenstücke vermischen. Die Korinthen abspülen und in kaltem schwarzen Tee quellen lassen.

Für die Marinade alle Zutaten miteinander verquirlen. Die mit den Orangenstücken vermischten Karottenstreifen mit der Marinade übergießen und darin wenden. Zugedeckt im Kühlschrank durchkühlen.

Vor dem Servieren den Salat mit den abgetropften Korinthen vermischen und die fein geschnittene Minze unterheben. Dessertteller mit einigen Eissalatblättern auslegen und den Karottensalat darauf anrichten.

Gurkensalat mit Minz-Dressing

Gurkensalate mit Joghurt und Minze sind an heißen Sommertagen kühlend und erfrischend. Man findet sie in Griechenland als Tsatsiki, in der Türkei als Cacik. In Indien dämpfen sie als Raita das Feuer scharfer Curries.

1 Salatgurke
2 Schalotten oder 1/2 Gemüsezwiebel
150 g cremig gerührter Joghurt
1 EL Olivenöl
1/2 Knoblauchzehe
1 Prise Zucker
einige Minzblättchen als Garnitur
2 TL fein geschnittene Minze
Salz, frisch gemahlener schwarzer Pfeffer

Die Gurke schälen und längs vierteln. Die Viertel in 1/2 Zentimeter dünne Scheiben schneiden. Die Schalotten oder die halbe Gemüsezwiebel mit dem Messer oder dem Gurkenhobel in hauchdünne Streifen schneiden. Die Zwiebelstreifen 30 Sekunden in kochendem Wasser blanchieren, kalt abschrecken und gründlich abtropfen lassen.

Den Joghurt mit dem Olivenöl und dem durchgepreßten Knoblauch verrühren. Mit einer Prise Zucker sowie mit Salz und Pfeffer abschmecken und die Minze unterheben.

In einer Schüssel Gurkenscheiben und Zwiebelstreifen vermischen. Mit dem Pfefferminz-Dressing übergießen und darin wenden. Zugedeckt im Kühlschrank 1 bis 2 Stunden durchziehen lassen.

Vor dem Servieren mit einigen Pfefferminzblättchen garnieren.

Waldorfsalat

Dieser Salat wurde bereits Ende des letzten Jahrhunderts im Waldorf Astoria Hotel in New York kreiert. Bis heute hat er nichts von seiner Beliebtheit eingebüßt. Er schmeckt mit einem leichten Dressing fast noch besser als mit der sonst üblichen schweren Mayonnaise.

Statt Knollensellerie können Sie auch in dünne Scheibchen geschnittenen Staudensellerie und statt Dosen-Ananas eine frische Frucht nehmen. Zur Abwechslung kann man etwas fein gehackten kandierten Ingwer unter den Salat heben und in das Dressing Ingwersirup statt Tabasco rühren.

1/2 Knollensellerie (etwa 250 g)
3 aromatische Äpfel
Saft von 1 Zitrone
150 g Ananas (leicht gezuckerte Dosenware)
50 g Walnußkerne, grob gehackt

Für das Dressing:
150 g cremig gerührter Joghurt
2 TL Mayonnaise
Saft und abgeriebene Schale von 1 Limette
einige Spritzer Tabasco
etwas Ananassaft
Salz
einige Melissenblätter.als Garnitur

Den Knollensellerie schälen, grob raspeln oder in streichholzdünne Streifen schneiden. In kochendes Wasser die Hälfte des Zitronensaftes gießen und darin die Selleriestreifen etwa 30 Sekunden blanchieren. Auf ein Sieb schütten, kalt abschrecken und abtropfen lassen.

Die Äpfel schälen, halbieren und das Kerngehäuse ausstechen. Das Fruchtfleisch in streichholzdünne Streifen schneiden und sofort im restlichen Zitronensaft wenden, damit es schön weiß bleibt. Die Ananasscheiben in dünne Streifen schneiden. Apfel-, Sellerie- und Ananasstreifen in einer Glasschüssel miteinander vermischen.

Für das Dressing den Joghurt mit der Mayonnaise, dem Limettensaft und der abgeriebenen Limettenschale verrühren. Mit einigen Spritzern Tabasco, etwas Saft der Dosen-Ananas und 1 Prise Salz abschmecken. Den Salat mit dem Dressing überziehen und vorsichtig wenden. Zugedeckt im Kühlschrank durchziehen lassen. Vor dem Servieren mit fein geschnittener Zitronenmelisse garnieren.

Steinpilzsalat mit warmer Apfel-Vinaigrette und Walnüssen

Wenn es im Herbst die ersten frischen Schälnüsse gibt, ist das die Zeit für diesen Salat. Äpfel der Sorte Golden Delicious eignen sich besonders gut für die Vinaigrette, da sie beim Erhitzen nicht zerfallen.

Steinpilze sollen nicht gewaschen werden, da sie sich mit Wasser vollsaugen und schwammig werden. Sie werden nur mit einem feuchten Tuch abgewischt, und ihre Stiele werden mit einem Messer sauber geputzt.

4 kleine feste Steinpilze, geputzt
8 frische Walnüsse
1 EL Olivenöl
4 Rosetten Feldsalat
Salz, frisch gemahlener schwarzer Pfeffer

Für die Apfel-Vinaigrette:
1/2 Apfel, geschält und klein gewürfelt
2 EL Apfelessig
2 EL Walnußöl
1 TL Birnendicksaft

Die geputzten Steinpilze längs in dünne Scheiben schneiden. Die Walnußkerne aus den Schalen brechen und mit einem kleinen spitzen Messer die dunkle Haut von den Kernhälften abziehen.

Das Olivenöl in einer antihaftbeschichteten Pfanne erhitzen und die Pilzscheiben portionsweise kurz von beiden Seiten anbraten. Herausheben, mit Salz und Pfeffer würzen und fächerförmig auf vorgewärmte Teller legen.

Anschließend die Apfelwürfel in die heiße Pfanne geben und unter Rühren kurz andünsten. Vom Feuer nehmen und den Apfelessig, das Walnußöl und nach Belieben Birnendicksaft einrühren. Mit Salz und frisch gemahlenem schwarzem Pfeffer würzen und über die Pilzscheiben verteilen.

Mit je einer kleinen Rosette Feldsalat und den geschälten Walnußkernen garnieren.

Champignonsalat mit Avocadowürfeln

Für diesen Salat müssen die Champignons frisch und fest sein, und die Avocado sollte weich und makellos sein. Bereiten Sie den Salat erst kurz vor dem Servieren zu, damit sich die Avocadowürfel nicht verfärben.

200 g kleine feste Champignons, geputzt
Saft von 1 Zitrone oder von 2 Limetten
1 Avocado
1 EL fein geschnittenes Koriandergrün
Salz, frisch gemahlener schwarzer Pfeffer
8 Tortilla-Chips als Garnitur

Für das Dressing:
2 TL Apfelessig
3 EL cremig gerührter Joghurt
1/2 Knoblauchzehe, gepreßt
2 EL Olivenöl
1/4 rote Chilischote, entkernt und fein gehackt

Für das Dressing den Essig mit dem Joghurt, dem durchgepreßten Knoblauch, Salz und frisch gemahlenem Pfeffer verrühren. Danach das Olivenöl einquirlen und die fein gehackte Chilischote unterheben.

Die Pilze feucht abwischen und längs in dünne Scheiben schneiden. Sofort in der Hälfte des Zitronen- oder Limettensaftes wenden. Die Avocado halbieren und den Stein entfernen. Das Fruchtfleisch vorsichtig aus der Schale lösen, würfeln und mit dem restlichen Zitronensaft beträufeln. Pilzscheiben, Avocadowürfel und Koriandergrün in einer Schüssel mit dem Dressing vermischen.

Den Salat auf Teller verteilen und mit je 2 Tortilla-Chips garnieren.

Frühlingssalat mit Wachteleiern

Für diesen Salat nehme ich die ersten neuen Kartoffeln, die im Frühjahr auf den Markt kommen. Suchen Sie nach den kleinen Kartoffeln, die von Malta stammen, oder verwenden Sie Frühkartoffeln in der kleinsten Sortierung, die sogenannten »Drillinge«, die nur etwa 3 bis 4 Zentimeter groß sind.

300 g kleine neue Kartoffeln
4–5 EL heiße Spargelbrühe oder Wasser
1/2 Gemüsebouillonwürfel
2 EL Apfelessig
6 Spargelstangen, gekocht
1 Bund Radieschen

4 Frühlingszwiebeln
2 geräucherte Forellenfilets
100 g cremig gerührter Joghurt
2 EL Crème fraîche
1 EL Tafelmeerrettich
1 kleines Bund Kerbel
4 Wachteleier, gekocht
Salz, frisch gemahlener schwarzer Pfeffer

Die ungeschälten Kartoffeln waschen und weichgaren. Danach pellen, halbieren und in eine Glasschüssel geben.

Die heiße Spargelbrühe mit dem halben Gemüsebouillonwürfel und dem Apfelessig verrühren. Über die warmen Kartoffeln träufeln. Mit etwas Salz und reichlich frisch gemahlenem Pfeffer würzen.

Den nicht zu weich gegarten Spargel in kleine Stücke, die gewaschenen Radieschen sowie die geputzten Frühlingszwiebeln in Scheiben schneiden. Mit den Kartoffeln vermischen. Die zerzupften Forellenfilets unterheben.

Den Joghurt mit Crème fraîche und Tafelmeerrettich verrühren. Mit Salz und Pfeffer abschmecken und den fein geschnittenen Kerbel unterheben.

Den Frühlingssalat in einer Servierschüssel anrichten, mit dem Kerbel-Joghurt überziehen, mit den halbierten Wachteleiern umlegen und mit einigen Kerbelblättchen garnieren.

Blattsalate mit Jakobsmuscheln und Parmesankrüstchen

Statt Jakobsmuscheln können Sie auch gebratene Forellenfilets nehmen. Die Parmesankrüstchen lassen sich vorbereiten und vor dem Servieren im Backofen wieder aufwärmen.

8 Jakobsmuscheln (nur die weiße Nuß)
1/4 l Milch
1 TL Butter
2 EL Noilly Prat oder trockener Weißwein
Salz, frisch gemahlener schwarzer Pfeffer

Für den Salat:
50 g Feldsalat
1/2 Kopf Radicchio, zerpflückt
6 kleine, feste Champignons, geputzt
1 Tomate, geschält, entkernt und gewürfelt
2 EL mildes Olivenöl
1 EL Zitronensaft
fein geschnittener Schnittlauch

Für die Parmesankrüstchen:
2 Scheiben altbackenes Toastbrot, entrindet
Olivenöl zum Bestreichen
1 EL frisch geriebener Parmesan

Für die Parmesankrüstchen die entrindeten Weißbrotscheiben mit einem Backpinsel dünn mit Olivenöl bestreichen. In je 4 Streifen schneiden, auf ein Backblech setzen und im 180° C heißen Ofen hell rösten. Mit Parmesan bestreuen.

Die Jakobsmuscheln kalt abspülen und trockentupfen. In kalte Milch legen und zugedeckt einige Stunden in den Kühlschrank geben. Kurz vor dem Anrichten trockentupfen, waagerecht halbieren und mit Salz und Pfeffer würzen. In einer antihaftbeschichteten

Pfanne die Butter erhitzen. Die Jakobsmuscheln hineinlegen und von jeder Seite 3 Minuten anbraten. (Jakobsmuscheln nicht übergaren, sie werden sonst zäh). Den Bratensatz mit Noilly Prat ablöschen und über die angerichteten Jakobsmuscheln träufeln.

Die Blattsalate waschen und trockenschleudern. Die Champignons feucht abwischen, in hauchdünne Scheiben schneiden, am besten mit einem Gurkenhobel. Mit etwas Zitronensaft beträufeln oder sofort in dem mit Zitronensaft verquirlten, mit Pfeffer und Salz gewürzten Öl wenden.

Die Blattsalate mit den Champignonscheiben vermischen und auf flachen Tellern anrichten. Mit je 4 Scheiben Jakobsmuscheln belegen. Die Parmesankrüstchen getrennt dazu reichen.

Italienischer Nudelsalat mit Thunfisch und Garnelen

Farfalle und Fusilli sehen nicht nur dekorativ aus, an ihnen bleibt auch die Sauce besonders gut haften. Der Salat kann lauwarm, aber auch kalt serviert werden.

200 g Farfalle oder Fusilli
2 TL Olivenöl
1 Dose Thunfischstücke im eigenen Saft
100 g Garnelen, abgekocht und geschält
12 entsteinte Oliven, längs geviertelt
10 Kirschtomaten, halbiert
Basilikumblättchen als Garnitur
Salz, frisch gemahlener schwarzer Pfeffer

Für die Sauce:
1/2 Scheibe entrindetes Toastbrot
Milch zum Einweichen
1 Sardellenfilet oder 1 TL Sardellenpaste
2 Knoblauchzehen, geschält

2–3 EL grob geschnittenes Basilikum
2–3 EL grob geschnittene glatte Petersilie
1 EL Pinienkerne oder Cashewnüsse
1 EL Weißweinessig
2 EL Olivenöl

Die Nudeln nach Packungsvorschrift garen. Auf ein Sieb schütten und abtropfen lassen. Noch warm in einer großen Schüssel in 2 Teelöffeln Olivenöl wenden. Mit dem zerpflückten Thunfisch, den Garnelen, den Olivenstreifen und den halbierten Kirschtomaten vermischen.

Für die Sauce das Brot in etwas Milch einweichen und nicht ausdrücken. Das Sardellenfilet abspülen, 10 Minuten in Milch legen, um ihm überschüssiges Salz zu entziehen, und trockentupfen. Das eingeweichte Brot zusammen mit dem Sardellenfilet, dem Knoblauch, den Kräutern und den Pinienkernen im Mixer pürieren. Den Essig und das Öl zugießen und alles zu einer Paste verarbeiten. Die Paste eventuell mit etwas Kochwasser der Nudeln verdünnen. Mit frisch gemahlenem schwarzen Pfeffer und vorsichtig mit Salz abschmecken.

Den Nudelsalat mit der Sauce überziehen und mit einigen Basilikumblättchen garnieren.

Geflügelsalat mit Ingwer-Dressing

Ein pikanter Geflügelsalat – leicht und ohne Mayonnaise. Statt mit Akazienhonig können Sie das süß-saure Dressing auch mit Birnen- oder Apfeldicksaft abschmecken. Beides ist im Reformhaus erhältlich. Der hellere Birnendicksaft färbt Saucen und Marinaden weniger dunkel als Apfeldicksaft. Chinesisches Sesamöl, das aus gerösteter Sesamsaat gepreßt wird, ist eine Würzzutat. Es wird stets sparsam zum Würzen, doch nie zum Braten verwendet.

Für 4–6 Portionen
2 gebratene Hühnerfilets von insgesamt etwa 300 g
1 rote Paprikaschote
1 gelbe Paprikaschote
4 Frühlingszwiebeln
50 g Bohnensprossen
50 g Kaiserschoten, geputzt
2 EL Koriandergrün oder glatte Petersilie, fein geschnitten
2 EL Sesamsaat

Für das Ingwer-Dressing:
2 EL Apfelessig
1 TL Aceto balsamico
1 TL Akazienhonig oder Birnendicksaft
3 EL helle Sojasauce
2 EL Walnuß- oder mildes Olivenöl
2 TL chinesisches Sesamöl, nach Belieben
1 nußgroßes Stück Ingwer, sehr fein gehackt
einige Spritzer Tabasco
Salz, frisch gemahlener schwarzer Pfeffer

Die gebratenen Hühnerfilets quer in 1 Zentimeter breite Streifen schneiden. Die Paprikaschoten halbieren. Den Stielansatz und Samenstand entfernen. Das Fruchtfleisch in 1/2 Zentimeter dünne Streifen schneiden. Die geputzten Kaiserschoten knapp 2 Minuten in kochendem, gesalzenem Wasser blanchieren. Kalt abschrecken, abtropfen lassen und schräg in 2 Zentimeter breite Streifen schneiden.

Die Bohnensprossen 30 Sekunden blanchieren, kalt abschrecken und abtropfen lassen.

Die geputzten Frühlingszwiebeln und etwas von ihrem Grün in Scheibchen schneiden. Die Sesamsaat in einer trockenen antihaftbeschichteten Pfanne hell anrösten.

Für das Dressing alle Zutaten miteinander verquirlen. Mit frisch gemahlenem Pfeffer und wenig Salz abschmecken.

In einer großen Salatschüssel die Hühnerfleischstreifen mit den Paprika- und Kaiserschotenstreifen sowie den Bohnensprossen vermischen. Mit den Frühlingszwiebeln bestreuen, mit dem Ingwer-Dressing beträufeln und darin wenden. Etwa 30 Minuten bei Zimmertemperatur ziehen lassen.

Vor dem Servieren fein geschnittenes Koriandergrün oder Petersilie unterheben. Den Salat auf Teller verteilen und mit der gerösteten Sesamsaat bestreuen.

Blattsalate mit gegrilltem Ziegenkäse

Für diesen Salat eignen sich kräftig schmeckende Salatsorten, wie Feldsalat und Rauke, und solche mit einem leichten Bittergeschmack, wie glatte und krause Endivie, Radicchio, Lollo Rossa oder Bionda und Herbstzichorie.

Mischen Sie die Salatblätter in einer zuvor heiß ausgespülten und abgetrockneten Schüssel, damit sie sich leicht erwärmen, und servieren Sie den Salat auf vorgewärmten Tellern. Statt der Brotwürfel können Sie vier Scheiben Baguettebrot in einer antihaftbeschichteten Pfanne in etwas Olivenöl rösten, mit einer halbierten Knoblauchzehe einreiben und darauf die gegrillten Käsescheiben legen.

1 Handvoll gemischte Blattsalate
2 kleine Ziegenkäse (Crottin de Chavignol) oder
4 Scheiben Ziegenrolle oder Bûchette Sariette
1/2 TL Paprikapulver
1 Tl fein gehackter Thymian
4 EL Vinaigrette (Rezept Seite 180)
1 kleine Schalotte, sehr fein gewürfelt
2 EL geröstete Brotwürfel für die Garnitur

Die Blattsalate waschen, trockenschleudern und in grobe Stücke zerpflücken.

Die Vinaigrette mit den Schalottenwürfeln vermischen. Die Salatblätter in der Vinaigrette wenden und danach auf die Teller verteilen.

Die kleinen Crottins waagerecht halbieren, so daß man 4 etwa 2 Zentimeter dicke Scheiben erhält. Die Scheiben auf ein Blech oder in eine ofenfeste Form setzen. Mit etwas Olivenöl bestreichen und mit je einer Prise Paprika und fein gehacktem Thymian bestreuen. Unter den heißen Grill schieben, bis der Käse zu schmelzen beginnt.

Je eine gegrillte Käsescheibe auf die Blattsalate setzen und mit gerösteten Brotwürfeln umstreuen.

Chicorée-Mandarinen-Salat mit geräucherter Putenbrust

Statt geräucherter Putenbrust können Sie auch gebratene Puten- oder Poulardenbrust verwenden.

4 Sprossen Chicorée
6 Mandarinen
4 Scheiben geräucherte Putenbrust
2 EL grob gehackte Walnüsse

Für das Dressing:
Saft von 1/2 Zitrone
1 EL Birnendicksaft
einige Spritzer Tabasco
3 EL Walnußöl
Salz

Den Chicorée zerpflücken, waschen und gründlich abtropfen lassen. In einen Frischhaltebeutel geben und im Kühlschrank durchkühlen.

Die Mandarinen schälen und in Spalten teilen. Die Spalten halbieren und dabei den Saft auffangen.

Für das Dressing den Zitronensaft mit dem aufgefangenen Mandarinensaft, dem Birnendicksaft, einigen Spritzern Tabasco und etwas Salz verrühren. Danach mit dem Walnußöl zu einer Emulsion verquirlen.

Kurz vor dem Servieren die Putenbrustscheiben in eine ungefettete antihaftbeschichtete Pfanne breiten und leicht erwärmen. Herausnehmen und locker zu 4 Rosetten drehen.

Die Chicorée-Blätter quer halbieren. Die Blattspitzen im ganzen belassen. Die Blattenden quer in Streifen schneiden. Mit den Mandarinenspalten und dem Dressing vermischen. Auf flachen Tellern anrichten und mit den Blattspitzen blütenförmig umlegen. In die Mitte je eine Rosette Putenfleisch plazieren und mit den gehackten Walnüssen umstreuen.

Warmer Radicchiosalat mit Oliven, Käsewürfeln und gerösteten Pinienkernen

Dies ist ein herzhafter Salat. Die Blätter dürfen im heißen Öl nur leicht gewelkt, aber nicht geschmort werden.

1 Kopf Radicchio
2 große Sprossen Chicorée
2 EL Olivenöl
2 Knoblauchzehen
1–2 Sardellenfilets in Öl
2 EL Aceto balsamico
1 EL Zitronensaft
12 entsteinte Oliven, längs halbiert
2 EL grob geschnittene Petersilie
80 g milder Provolone, klein gewürfelt
1–2 EL Pinienkerne, hell geröstet
frisch gemahlener schwarzer Pfeffer

Den Salat zerpflücken, waschen und trockenschleudern. Danach den Radicchio in grobe Stücke reißen, den Chicorée quer in etwa 2 Zentimeter breite Streifen schneiden.

Das Olivenöl in einer Sauteuse auf mittlerer Flamme erhitzen. Den in dünne Blättchen geschnittenen Knoblauch einstreuen, kurz anbraten, mit einem Sieblöffel herausheben und auf Küchenpapier entfetten.

Das Sardellenfilet ins Öl geben, mit einem Holzlöffel zerdrücken und zerschmelzen lassen. Den Aceto balsamico, den Zitronensaft sowie die halbierten Oliven einrühren. Danach die Salate und die Petersilie einstreuen. Kurz durchschwenken und mit frisch gemahlenem schwarzen Pfeffer würzen.

Den Salat auf vorgewärmte flache Teller verteilen und mit den gebratenen Knoblauchscheiben, den Käsewürfeln sowie den gerösteten Pinienkernen bestreuen.

Löwenzahn- und Brunnenkressesalat »au chapon«

Ein Salat nicht nur für die Frühjahrskur. »Au chapon« ist ein Spiel mit der Doppelbedeutung des Wortes »chapon«, was sowohl »fetter Kapaun« als auch »mageres Brotkrüstchen« bedeuten kann. Verwenden Sie für diesen Salat den gebleichten, milden Salatlöwenzahn.

150 g Löwenzahnblätter
50 g entstielte Brunnenkresse
4 Scheiben Baguettebrot
2 TL Olivenöl
2 halbierte Knoblauchzehen
2 EL Kürbiskerne

Für die Vinaigrette:
1 TL Dijon-Senf
1 EL Rotweinessig
1 EL Olivenöl
2 EL Kürbiskernöl
Salz, frisch gemahlener schwarzer Pfeffer

Die Salate waschen und trockenschleudern. Die Löwenzahnblätter quer in breite Streifen schneiden. In einen Frischhaltebeutel füllen und bis zum Anrichten im Kühlschrank durchkühlen, damit sie knackig werden.

Die Brotscheiben im Olivenöl von beiden Seiten hell rösten. Danach mit den halbierten Knoblauchzehen einreiben. Die Kürbiskerne in einer antihaftbeschichteten Pfanne trocken, d. h. ohne Fett kurz anrösten.

Für die Vinaigrette alle Zutaten miteinander verquirlen.

Löwenzahn und Brunnenkresse in der Vinaigrette wenden und auf flachen Tellern anrichten. Mit den gerösteten Kürbiskernen bestreuen und mit den Brotscheiben belegen.

Tabbouleh

Bulgur für diesen erfrischenden Salat ist in feiner und gröberer Körnung im Reformhaus oder Naturkostladen erhältlich. Es ist eine Hartweizengrütze, die ähnlich parboiled Reis bereits vorgegart ist. Im Libanon, woher der Salat kommt, läßt man sie in kaltem Wasser quellen. Damit sie bekömmlicher wird, verwende ich heiße Gemüsebouillon.

150 g feinkörniger Bulgur
1/2 l Gemüsebouillon (Rezept Seite 61)
Saft von 1 großen Zitrone
4 EL Olivenöl
1 Prise gemahlener Kreuzkümmel
1 großes Bund glattblättrige Petersilie
1/2 Salatgurke
4 Lauchzwiebeln
2–3 EL fein geschnittene Minze
Salz, frisch gemahlener schwarzer Pfeffer
Salatblätter, Tomatenachtel und schwarze Oliven als Garnitur

Den Bulgur in die kochende Gemüsebouillon rühren, sofort vom Feuer nehmen und 15 Minuten quellen lassen. Danach in ein mit einem Mulltuch ausgelegtes Sieb schütten und die Feuchtigkeit ausdrücken. Den Bulgur in eine Schüssel geben und mit einer Gabel auflockern. Mit Zitronensaft und Olivenöl beträufeln und mit einer Prise Kreuzkümmel, Salz und frisch gemahlenem schwarzem Pfeffer würzen. Zugedeckt im Kühlschrank einige Zeit durchziehen lassen.

Inzwischen die Petersilie waschen, trockenschleudern und die Blätter von den Stielen zupfen. Die Blätter sehr fein zerschneiden. Die Salatgurke nicht schälen, aber längs halbieren und mit einem Löffel die Kerne entfernen. Die Gurke in sehr kleine Würfel schneiden. Die Lauchzwiebeln fein zerschneiden.

Den Bulgur mit dem Olivenöl beträufeln und mit der Petersilie und der Minze, den Gurkenwürfeln und den Lauchzwiebeln vermischen. Den Salat abschmecken und zugedeckt im Kühlschrank durchkühlen.

Eine Servierplatte mit Salatblättern auslegen. Darauf die Tabbouleh kegelförmig anrichten. Mit Tomatenachteln und schwarzen Oliven umlegen und auftragen.

Warmer Salat von zweierlei Bohnen mit Parmesanspänen

Für diesen schnell zubereiteten Salat sollten Sie frisches Bohnenkraut verwenden. Der Salat wird dadurch nicht nur aromatischer, sondern auch bekömmlicher. Sie können ihn variieren, indem Sie statt Radicchiostreifen fein geschnittene sonnengetrocknete Tomaten unterheben.Denken Sie daran, daß grüne Bohnen einen giftigen Eiweißstoff, das Phasin, enthalten. Er wird durch Kochen unschädlich. Auch die zarten Keniabohnen sollen mindestens 8 Minuten gegart werden.

100 g Keniabohnen oder Prinzeßbohnen, geputzt
1 400-g-Dose weiße Bohnen (Abtropfgewicht etwa 240 g)
2–3 Blätter Radicchio
3 EL Olivenöl
2 Schalotten, fein gewürfelt
1 EL fein gehacktes Bohnenkraut
1 EL Aceto balsamico
1 EL Zitronensaft, frisch gepreßt
2 TL Birnendicksaft
50 g Parmesan am Stück
Salz, frisch gemahlener schwarzer Pfeffer
Radicchioblätter als Garnitur

Die Keniabohnen 8 Minuten in kochendem Salzwasser blanchieren. Auf ein Sieb schütten, kalt abschrecken und abtropfen lassen. Die weißen Bohnen aus der Dose auf ein Sieb schütten, gründlich kalt abspülen und abtropfen lassen. Die Radicchioblätter waschen und trockentupfen, zusammenrollen und quer in dünne Streifen schneiden.

Das Olivenöl auf mittlerer Flamme erhitzen und darin die Schalottenwürfel glasig dünsten. Das Bohnenkraut einrühren. Die Keniabohnen und die weißen Bohnen zufügen, in der Schalotten-Bohnenkrautmischung wenden und unter vorsichtigem Rühren erhitzen. Den Aceto balsamico mit dem Zitronen- und dem Birnendicksaft verquirlen und einrühren. Zuletzt die Radicchiostreifen unterheben. Mit Salz und frisch gemahlenem schwarzem Pfeffer abschmecken. Abseits vom Feuer kurz ziehen lassen. Inzwischen mit einem Sparschäler Späne vom Parmesanstück schneiden.

Den Salat auf Radicchioblättern anrichten, mit Parmesanspänen bestreuen und lauwarm servieren.

Suppen

Ich verzichte auf Knochen- und Rindfleischbrühen. Ein Geflügelfond ist leichter und schneller gekocht. Sein Geschmack ist unaufdringlich und paßt sich den verschiedensten Zutaten gut an. In der bekömmlichen und abwechslungsreichen chinesischen Küche werden fast ausschließlich Hühnerbrühen verwendet. Moderne Köche haben die Leichtigkeit von Geflügelfond und Gemüsebouillon, die in der mediterranen Küche die Basis vieler Suppen ist, wiederentdeckt.

Im übrigen koche ich mit Vorliebe Gemüsesuppen. Sie enthalten wenig Fett, schmecken aber trotzdem nicht dünn und wäßrig. Gemüsepürees verleihen ihnen Konsistenz und Geschmack. Ernährungsexperten raten, mindestens zweimal pro Tag Gemüse zu essen. Mit einer Gemüsesuppe und einem Salatteller entspricht man dieser Empfehlung.

Geflügelfond

Die Geflügelteile werden in kaltem, leicht gesalzenem Wasser aufgesetzt, damit der Fond extraktreicher wird. In einem Schnellkochtopf verkürzt sich die Kochzeit um mehr als die Hälfte. Der Fond wird im offenen Schnellkochtopf langsam zum Kochen gebracht und dabei abgeschäumt. Nach dem Zufügen des Würzgemüses und der Gewürze den Topf schließen und den Fond 20 Minuten auf kleiner Flamme kochen lassen.

Für etwa 1 1/2 l Fond:
750 g Geflügelteile (Karkasse, Flügel, Hals, Magen)
2 l Wasser
1 Karotte
1/8 Sellerieknolle
1 Lauchstange (nur die weißen Abschnitte)
1 walnußgroßes Stück Ingwerwurzel
2 Gewürznelken
1 gestrichener TL weiße Pfefferkörner
Salz

Die rohen Geflügelteile klein zerhacken, blanchieren und kalt abschrecken. In kaltem, leicht gesalzenem Wasser ansetzen, langsam zum Kochen bringen und abschäumen. Das geputzte, gewürfelte Gemüse und die Gewürze zufügen. Auf kleiner Flamme bei halb aufgelegtem Deckel etwa 11/2 Stunden kochen lassen, dabei einige Male den Schaum und das Fett abschöpfen.

Danach den Fond durch ein mit einem angefeuchteten Passiertuch ausgelegtes Sieb seihen, mit Salz abschmecken und abkühlen lassen. In den Kühlschrank stellen und nach einiger Zeit die Fettschicht entfernen, die sich an der Oberfläche abgesetzt hat.

Will man einen konzentrierteren Fond, so läßt man ihn nach dem Abseihen und Entfetten auf die Hälfte einkochen.

Gemüsebouillon

Diese aromatische Gemüsebouillon ist schnell zubereitet und kann statt Fleisch- oder Fischbrühe für verschiedene Suppen und Saucen verwendet werden. Nach Belieben kann man noch grob zerschnittene Tomaten oder einige gehackte Champignonstiele zufügen. Nehmen Sie jedoch keine Kartoffeln, die die Brühe trüben, und keine Kohlarten oder Bittergemüse wie Lattich und Chicorée, die den klaren Geschmack der Brühe beeinträchtigen.

Für etwa 2 l Bouillon:
1 Zwiebel, gewürfelt
1 EL Olivenöl
1 Lauchstange (nur die weißen Abschnitte), in Streifen geschnitten
1 Karotte, geputzt und gewürfelt
1/2 Fenchelknolle, in Streifen geschnitten
1/4 Sellerieknolle, geschält und gewürfelt, oder
2 Stangen Staudensellerie, in Streifen geschnitten
1 kleine Petersilienwurzel, geputzt und gewürfelt
1 Prise Meersalz
4 weiße Pfefferkörner, grob zerstoßen
einige Petersilienstiele (ohne Blätter)
2–3 Liebstöckelblätter, frisch oder getrocknet
2 l Wasser

Die Zwiebelwürfel im Olivenöl unter ständigem Rühren glasig dünsten. Das restliche Gemüse einstreuen, leicht salzen und über milder Hitze weitere 10 Minuten anschwitzen. Anschließend die Pfefferkörner, die Petersilienstiele und die Liebstöckelblätter zufügen. Das Wasser angießen, zum Kochen bringen und über reduzierter Hitze etwa 20 Minuten kochen lassen. Danach die Bouillon durch ein Haarsieb seihen und abschmecken.

Die Brühe sollte sofort verbraucht werden. Man kann sie jedoch einen Tag im Kühlschrank aufbewahren oder portionsweise einfrieren.

Scharfgewürzter Nudeltopf nach thailändischer Art

Sollten Sie als Einlage China-Fadennudeln verwenden, dann garen Sie sie nach Packungsangabe vor.

Für 4 – 6 Portionen:
1 1/2 l Geflügelfond (Rezept Seite 60)
1 walnußgroßes Stück Ingwer, fein gehackt
1 Knoblauchzehe, geschält und fein gehackt
1/2 rote Chilischote, entkernt und in feine Streifen geschnitten (mehr nach Belieben)
200 g Hühnerfilet, in 2 cm breite Streifen geschnitten
50 g dünne Reisnudeln
50 g Sojabohnensprossen
2 Blätter Eisbergsalat
1 EL fein geschnittenes Koriandergrün
1 EL thailändische Fischsauce (nach Belieben)
Salz, frisch gemahlener schwarzer Pfeffer

Den Geflügelfond zusammen mit dem Ingwer, dem Knoblauch und dem Chili zum Kochen bringen. Die Filetstreifen in den kochenden Fond streuen und die Reisnudeln zufügen. Auf kleiner Flamme etwa 10 Minuten sieden lassen.

Inzwischen die Sojabohnensprossen in ein Sieb geben, mit kochendem Wasser überbrühen und abtropfen lassen.

Die Salatblätter waschen und in dünne Streifen schneiden.

Kurz vor dem Servieren die Sojabohnensprossen, die Salatstreifen und das Koriandergrün in die Suppe geben.

Den Nudeltopf mit Salz, frisch gemahlenem Pfeffer und nach Belieben mit Fischsauce abschmecken.

Karotten-Currysuppe

2 EL Olivenöl
1 Knoblauchzehe, geschält
1 Gemüsezwiebel, gewürfelt
1 große Kartoffel, geschält und gewürfelt
1 Apfel, geschält und gewürfelt
500 g Karotten, geputzt und in Scheiben geschnitten
1 walnußgroßes Stück Ingwerwurzel, gehackt
2 TL mildes Currypulver
4 Kardamomkapseln, zerstoßen
3/4 l Gemüsebouillon (Rezept Seite 61)
1/2 l fettarme Milch
abgeriebene Schale von 1 Limette
1 EL fein geschnittenes Koriandergrün, ersatzweise glattblättrige Petersilie
2 EL geröstete Mandelblättchen
Salz

Das Olivenöl in einem großen Topf erhitzen. Die Knoblauchzehe, die Zwiebel-, Kartoffel- und Apfelwürfel sowie die Karottenscheiben und den Ingwer einstreuen und unter ständigem Rühren kurz andünsten. Das Currypulver einrühren. Anschließend die Hälfte der Gemüsebouillon zugießen. Unter Rühren zum Kochen bringen. Das Gemüse im geschlossenen Topf auf mittlerer Flamme in etwa 20 Minuten weichgaren. Danach mit dem Pürierstab oder im Mixer pürieren und durch ein feines Sieb streichen.

Das Püree zurück in den Topf geben. Die restliche Gemüsebouillon und die abgeriebene Limettenschale einrühren. Die Suppe mit Milch zur gewünschten Konsistenz verdünnen und nochmals kurz aufkochen. Danach das fein geschnittene Koriandergrün unterheben. Die Suppe einige Minuten ziehen lassen und mit etwas Salz abschmecken.

Die Suppe in eine Terrine gießen, mit den gerösteten Mandelblättchen bestreuen und auftragen.

Lauchcremesuppe mit Ingwer

Dies ist eine pikante leichte Variante der klassischen Vichysoisse. Die Suppe kann warm, aber auch kalt serviert werden.

1 Zwiebel, gewürfelt
2 EL Olivenöl
3 Stangen Lauch (nur die weißen Abschnitte), in dünne Streifen geschnitten
2 mehligkochende Kartoffeln, geschält und gewürfelt
3/4 l entfetteter Geflügelfond (Rezept Seite 60)
1 walnußgroßes Stück Ingwerwurzel
1/4 l fettarme Milch
2 El fein geschnittener Schnittlauch
Salz, frisch gemahlener weißer Pfeffer

Die Zwiebelwürfel im Olivenöl glasig dünsten. Die Lauchstreifen und die Kartoffelwürfel einstreuen, leicht salzen und unter ständigem Rühren 3 bis 4 Minuten dünsten, dabei keine Farbe annehmen lassen. Den Geflügelfond zugießen. Zum Kochen bringen und das Gemüse auf kleiner Flamme weichgaren. Danach die Suppe im Mixer oder mit dem Pürierstab pürieren und durch ein feines Sieb streichen.

Inzwischen den Ingwer schälen, in fadendünne Streifen schneiden und in die Suppe streuen. Die Suppe mit der Milch auf die gewünschte Konsistenz verdünnen. Nochmals kurz aufkochen und mit Salz sowie frisch gemahlenem weißen Pfeffer abschmecken. Mit Schnittlauch bestreut servieren.

Flämische Zwiebelcremesuppe

Eine wärmende Suppe, die an naßkalten Tagen besonders guttut.

Für 4–6 Portionen:
1 große Gemüsezwiebel, in dünne Ringe geschnitten
2 EL Olivenöl
2 mehligkochende Kartoffeln, geschält und gewürfelt
1/8 Sellerieknolle, geschält und gewürfelt
2 Lorbeerblätter
1/2 l Geflügelfond oder Gemüsebouillon (Rezepte Seiten 60,61)
1/2 l fettarme Milch
Salz, frisch geriebene Muskatnuß
2 EL frisch geriebener Passendale-Käse oder Parmesan
fein geschnittene Petersilie

Die Zwiebelringe im Olivenöl glasig dünsten. Anschließend die Kartoffel- und Selleriewürfel einstreuen, leicht salzen und einige Minuten anschwitzen. Die Lorbeerblätter einlegen und den Geflügelfond oder die Gemüsebouillon zugießen. Zum Kochen bringen und das Gemüse auf mittlerer Flamme in etwa 25 Minuten – im Schnellkochtopf in 10 Minuten – weichgaren.

Die Lorbeerblätter entfernen. Die Suppe mit dem Pürierstab oder im Mixer pürieren. Soll sie besonders cremig werden, muß sie anschließend durch ein feines Sieb gestrichen werden. Zurück in den Topf geben, mit der Milch auf die gewünschte Konsistenz verdünnen und nochmals kurz aufkochen. Mit Salz und reichlich frisch geriebener Muskatnuß abschmecken.

Abseits vom Feuer den Käse einrühren. Mit etwas fein geschnittener Petersilie bestreut servieren.

Kürbissuppe

Verwenden Sie für diese Suppe möglichst orangefarbenes Kürbisfleisch und orangefarbene Süßkartoffeln. Sie enthalten viel Beta-Karotin, die Vorstufe des Vitamin A. Statt Süßkartoffeln können Sie auch Karotten nehmen.

Für 4–6 Portionen:
400 g Kürbisfleisch, gewürfelt
1 Süßkartoffel von etwa 200 g, geschält und klein gewürfelt
2 Schalotten, gewürfelt
1 Knoblauchzehe, fein gehackt
1 walnußgroßes Stück Ingwer, fein gehackt
2 EL Olivenöl
4 Kardamomkapseln, zerstoßen
1 l Gemüsebouillon (Rezept Seite 61)
1 Spritzer Tabasco
1/2 l fettarme Milch
Salz, frisch gemahlener Piment
2 EL Kürbiskerne und fein geschnittener Kerbel als Garnitur

Die Kürbis-, Süßkartoffel- und Schalottenwürfel sowie den gehackten Knoblauch und Ingwer unter ständigem Rühren im Olivenöl 5 Minuten andünsten. Leicht salzen und die im Mörser zerstoßenen Kardamomkapseln zufügen. Die Gemüsebouillon angießen, zum Kochen bringen und auf kleiner Flamme 20 Minuten kochen. Mit dem Pürierstab oder im Mixer pürieren und durch ein feines Sieb streichen. Mit der Milch auf die gewünschte Konsistenz verdünnen. Nochmals kurz aufkochen und mit Salz und frisch gemahlenem Piment abschmecken.

Die Kürbiskerne leicht anrösten.Danach mit einem Messer grob hacken. Die Suppe mit den Kürbiskernen und etwas fein geschnittenem Kerbel bestreuen und auftragen.

Marokkanische Auberginensuppe

Diese Auberginensuppe ist einer Fischsuppe nachempfunden, die ich in einem kleinen marokkanischen Restaurant in Paris gegessen habe. Dort war es ein Eintopfgericht und ähnlich einer Bouillabaisse mit verschiedenen Mittelmeerfischen gekocht. Hier bereite ich die Suppe mit festfleischigem Rotbarschfilet zu, das beim Garen nicht zerfällt. Wenn man geschälte Auberginen im Mikrowellenherd vorgart, benötigen sie nur minimal Öl und behalten überdies eine schöne helle Farbe.

Harissa ist eine scharfe nordafrikanische Würzpaste, die auch bei uns in gutsortierten Supermärkten erhältlich ist.

1 Aubergine von etwa 400 g
1 mittelgroße Zwiebel, gewürfelt
1 Knoblauchzehe, fein gehackt
1/2 rote Chilischote, entkernt und fein gehackt
2 EL Olivenöl
1/2 TL Kurkuma
1/4 TL gemahlener Kreuzkümmel
1 l Gemüsebouillon (Rezept Seite 61)
Salz

Für die Einlage:
250 g Rotbarschfilet
einige Spritzer Zitronensaft
1/2 TL Harissa
2 festkochende Kartoffeln, geschält und gewürfelt
2 Lorbeerblätter
1 Fleischtomate, geschält und gewürfelt
1 EL fein geschnittenes Koriandergrün

Für die Einlage das Rotbarschfilet mit etwas Zitronensaft beträufeln und mit der Harissa-Würzpaste dünn bestreichen. Zugedeckt im Kühlschrank bereithalten. Die Kartoffelwürfel zusammen mit den beiden Lorbeerblättern in wenig leicht gesalzenem Wasser »al dente« kochen. Die Lorbeerblätter entfernen.

Die Aubergine schälen, in Würfel schneiden und in ein Sieb geben. Mit Salz bestreuen und etwa 5 Minuten den Saft ausschwitzen lassen. Danach kalt abspülen und abtropfen lassen. Zugedeckt ohne Wasserzugabe im Mikrowellenherd 3 bis 4 Minuten vorgaren.

Inzwischen die Zwiebelwürfel, den gehackten Knoblauch und die gehackte Chilischote im Olivenöl andünsten. Etwas Salz, das Kurkumapulver und den Kreuzkümmel einrühren. Die Auberginenwürfel einstreuen und unter ständigem Rühren dünsten, bis sie vom Kurkumapulver eine schöne gelbe Farbe angenommen haben.

Die Gemüsebouillon zugießen und zum Kochen bringen. Auf kleiner Flamme knapp 10 Minuten kochen lassen. (Falls die Auberginenwürfel nicht vorgegart sind, benötigen sie 20 Minuten). Danach mit dem Pürierstab oder im Mixer pürieren. Die Kartoffelwürfel samt ihrem Kochwasser zufügen und die Suppe abschmecken.

Das Rotbarschfilet in 2 cm große Streifen schneiden. In der siedenden Suppe in etwa 5 Minuten garziehen lassen. Die Tomatenwürfel einstreuen und in der Suppe erwärmen. Zuletzt das Koriandergrün unterheben.

Spinatsuppe mit Mozzarellawürfeln und gerösteten Pinienkernen

2 Schalotten, fein gewürfelt
1 Knoblauchzehe, fein gehackt
1 EL Olivenöl
500 g entstielter Spinat
1 TL Mehl
1 l Geflügelfond (Rezept Seite 60)
100 g Mozzarella
abgeriebene Schale von 1/2 unbehandelten Zitrone
2 EL Pinienkerne
Salz, frisch gemahlener Pfeffer, frisch geriebene Muskatnuß

Die Schalotten und den Knoblauch im Olivenöl glasig dünsten. Die gewaschenen Spinatblätter tropfnaß zufügen und mit einer Prise Salz bestreuen. Unter Rühren über mittlerer Hitze zusammenfallen lassen. Danach mit dem Mehl bestäuben und durchrühren. Den Geflügelfond zugießen und zum Kochen bringen. Mit dem Pürierstab oder im Mixer pürieren. Die Suppe mit Salz, frisch gemahlenem Pfeffer und reichlich geriebener Muskatnuß abschmecken.

Die Pinienkerne in einer antihaftbeschichteten Pfanne über geringer Hitze hell anrösten. Die Mozzarella in kleine Würfel schneiden und in die heiße Suppe rühren. In eine vorgewärmte Terrine schütten, mit der abgeriebenen Zitronenschale und den gerösteten Pinienkernen bestreuen und sofort servieren.

Brunnenkressesuppe mit Birnenwürfeln

1 großes Bund Brunnenkresse
2 Schalotten, gewürfelt
1 EL Olivenöl
2 Kartoffeln, geschält und gewürfelt
1 l Gemüsebouillon oder Geflügelfond (Rezepte Seiten 60, 61)
1/4 l fettarme Milch
1 aromatische Birne (Comice oder Abate Fetel)
1 Spritzer Tabasco
Salz, frisch gemahlener Pfeffer

Die Brunnenkresseblätter von den Stengeln zupfen und waschen. Einige kleine Blättchen als Garnitur bereithalten.

Die Schalottenwürfel im Olivenöl glasig dünsten. Die gewürfelten Kartoffeln zugeben und unter Rühren kurz andünsten. Die Brühe zugießen und zum Kochen bringen. Über mittlerer Hitze 15 Minuten kochen lassen, bis die Kartoffelwürfel weich sind. Anschließend die Milch einrühren und nochmals kurz aufkochen.

Die Brunnenkresse einstreuen und in der heißen Suppe etwa 3 Minuten nur ziehen, doch nicht mehr kochen lassen, damit sie ihre grüne Farbe behält. Danach die Suppe mit dem Pürierstab oder im Mixer pürieren. Mit einem Spritzer Tabasco leicht schärfen und mit Salz und frisch gemahlenem Pfeffer abschmecken.

Die Birne schälen und das Kerngehäuse ausstechen. Das Fruchtfleisch in kleine Würfel schneiden und in die heiße Suppe streuen. Die Suppe in vorgewärmte tiefe Teller verteilen, mit kleinen Brunnenkresseblättern garnieren und servieren.

Schwarze Bohnensuppe mit Tomaten-Salsa

Eine feurig gewürzte Bohnensuppe aus der Tex-Mex-Küche. Natürlich kann man sie schneller auch aus weißen oder roten Bohnen aus der Dose zubereiten. Die Wirkung auf dem Teller ist dann aber weniger erstaunlich. In Texas wird eine solche Suppe gewöhnlich mit einem Schinkenknochen und reichlich Schinkenabschnitten gekocht. Eine Einlage von einigen Streifen Parmaschinken tut es aber auch.

Für 4–6 Portionen:
500 g schwarze Bohnen
1 Zwiebel, gewürfelt
3 Knoblauchzehen, gehackt
1 EL Olivenöl
1 Karotte, gewürfelt
2 Stangen Staudensellerie, in Scheibchen geschnitten
1 Lauchstange (nur den weißen Abschnitt), in Streifen geschnitten
1–2 kleine Chilischoten, entkernt und fein gehackt
1 1/2 l Geflügelfond (Rezept Seite 60)
2 TL gemahlener Kreuzkümmel
4 Scheiben Parmaschinken ohne Fettrand
2 EL fein geschnittenes Koriandergrün (nach Belieben)

4 EL saure Sahne
4 EL fettarme Milch
Salz, frisch gemahlener schwarzer Pfeffer

Für die Salsa:
1 große Fleischtomate, geschält, entkernt und gewürfelt
1 Schalotte, fein gewürfelt
Saft von 1/2 Limette
1 TL Olivenöl
2 TL fein geschnittenes Koriandergrün
1 Spritzer Tabasco
Salz

Die Bohnen verlesen und über Nacht in kaltem Wasser einweichen. Danach das Einweichwasser abgießen. Schneller geht es, wenn man die Bohnen mit reichlich kaltem Wasser bedeckt, zum Kochen bringt und abseits vom Herd etwa 1 Stunde quellen läßt.

Für die Salsa alle Zutaten miteinander vermischen und mit Salz und Tabasco abschmecken. Zugedeckt im Kühlschrank bereithalten.

In einem großen Topf die Zwiebelwürfel und den Knoblauch im Olivenöl glasig dünsten. Das Würzgemüse zufügen, leicht salzen und unter Rühren kurz anschwitzen. Die eingeweichten, abgetropften Bohnen einrühren und die Brühe angießen. Zum Kochen bringen und auf kleiner Flamme in etwa 1 1/2 Stunden – im Schnellkochtopf in etwa 15 Minuten – weichgaren.

Anschließend mit dem Pürierstab oder im Mixer pürieren. Die Suppe mit Kreuzkümmel, Salz und schwarzem Pfeffer abschmecken. Den Schinken in dünne Streifen schneiden und zusammen mit dem fein geschnittenen Koriandergrün unterheben. Die saure Sahne mit der Milch verquirlen.

Die Suppe in vorgewärmte Suppenschalen verteilen. Je 1 Eßlöffel saure Sahne spiralförmig einrühren, mit je 1 Eßlöffel Salsa garnieren und servieren.

Mexikanische Kichererbsensuppe

Für 4 – 6 Portionen:
2 400-g-Dosen Kichererbsen (Abtropfgewicht insgesamt 450 g)
1 Gemüsezwiebel, gewürfelt
1–2 Knoblauchzehen, zerdrückt
1 rote Chilischote, klein gehackt (mehr nach Belieben)
1 EL Olivenöl
1 l Geflügelfond (Rezept Seite 60)
2 TL gemahlener Kreuzkümmel
Schalenstreifen von 1 Limette
1 EL fein geschnittene Minze
Salz, frisch gemahlener schwarzer Pfeffer

Die Kichererbsen aus den Dosen auf ein Sieb schütten, kalt abspülen und abtropfen lassen.

Die Zwiebelwürfel und den durchgepreßten Knoblauch im Olivenöl glasig dünsten. Die gehackte Chilischote und die Kichererbsen zufügen, leicht salzen und unter Rühren kurz anschwitzen. Die Hühnerbrühe zugießen. Die Suppe zum Kochen bringen und etwa 10 Minuten auf kleiner Flamme kochen lassen. Anschließend mit dem Pürierstab oder im Mixer pürieren.

Falls nötig, die Suppe noch mit etwas Gemüsebrühe oder Wasser auf die gewünschte Konsistenz verdünnen. Mit Salz, frisch gemahlenem Pfeffer und reichlich gemahlenem Kreuzkümmel abschmecken.

Mit einem Zestenschneider von der heiß abgewaschenen Limette die Schale in dünnen Streifen abschneiden. Zusammen mit der in feine Streifen geschnittenen Minze in die Suppe geben. Nach Belieben noch kleine Tomatenwürfel unterheben.

Champignoncremesuppe mit gerösteten Haselnüssen

500 g kleine feste Champignons, geputzt
Saft von 1/2 Zitrone
2 Schalotten, gewürfelt
1 EL Olivenöl
2 TL Mehl
3/4 l Geflügelfond oder Gemüsebouillon
(Rezepte Seiten 60, 61)
1/4 l fettarme Milch
2–3 EL Haselnußkerne
2 EL fein geschnittene glattblättrige Petersilie
Salz, frisch gemahlener weißer Pfeffer

Die Champignons mit dem Messer oder im Universalzerkleinerer grob hacken. Gleich mit dem Zitronensaft beträufeln, damit sie schön weiß bleiben.

Die Schalottenwürfel im Olivenöl glasig dünsten. Danach die Champignons einrühren. Sobald die Pilze Flüssigkeit ziehen, das Mehl anstäuben. Kurz durchrühren und die Brühe zugießen. Zum Kochen bringen und unter gelegentlichem Rühren auf kleiner Flamme etwa 15 Minuten kochen lassen. Danach mit dem Pürierstab oder im Mixer pürieren. Die Milch einrühren und die Suppe nochmals kurz aufkochen. Mit Salz und frisch gemahlenem weißen Pfeffer abschmecken.

Die Haselnüsse in einer antihaftbeschichteten Pfanne trocken anrösten. Auf ein Küchentuch oder auf Küchenpapier schütten und die braune Haut abreiben. Die Nüsse hacken und mit der fein geschnittenen Petersilie vermischen.

Die Suppe in vorgewärmte tiefe Teller verteilen, mit dem Nuß-Petersilien-Gemisch bestreuen und servieren.

Geeiste Avocadosuppe

Dies ist die leichte Version einer Avocadocremesuppe. Ich habe sie mit dem zartgrünen Püree von ungeschälten Zucchini gestreckt. Man kann sie gut vorbereiten, sollte aber erst unmittelbar vor dem Servieren die Avocado zufügen. Avocados verlieren beim Erhitzen ihren sahnigen Geschmack, doch in einer kalten Suppe schmecken sie köstlich.

4 kleine Zucchini
1 Schalotte, gewürfelt
1–2 Knoblauchzehen, zerdrückt
1 kleine grüne Chilischote, entkernt und gehackt
1 EL Olivenöl
3/4 l Gemüsebouillon oder Geflügelfond
(Rezepte Seiten 60, 61)
1/4 l Milch
1 reife Avocado
Salz, frisch gemahlener weißer Pfeffer
gezupftes Koriandergrün als Garnitur

Die Zucchini waschen, nicht schälen, sondern nur den Stielansatz entfernen und würfeln.

Die Schalottenwürfel zusammen mit dem Knoblauch und der gehackten Chilischote im Olivenöl andünsten. Die Zucchiniwürfel einstreuen und kurz andünsten. Die Brühe zugießen und zum Kochen bringen. Das Gemüse auf kleiner Flamme weichgaren. Danach mit dem Pürierstab oder im Mixer pürieren. Die Milch einrühren und die Suppe nochmals kurz aufkochen. Mit Salz und frisch gemahlenem weißen Pfeffer abschmecken und abkühlen lassen. Im Kühlschrank gut durchkühlen.

Kurz vor dem Servieren die Avocado schälen, entkernen, würfeln und in die Suppe geben. Im Mixer oder mit dem Pürierstab nochmals pürieren. Mit gezupftem Koriandergrün oder mit fein geschnittener Petersilie garnieren und sofort auftragen.

Griechische Gurkenkaltschale

Durch die Minze schmeckt diese Kaltschale besonders erfrischend, und durch den Klarapfel bekommt sie einen fruchtigen Geschmack.

1 große Salatgurke von etwa 800 g
1 Klarapfel, geschält, entkernt und gewürfelt
1 kleine Knoblauchzehe
1/4 l Gemüsebouillon oder Geflügelfond
(Rezepte Seiten 60, 61)
1/2 l Buttermilch
300 ml cremig gerührter, fettarmer Joghurt
1 EL frische Pfefferminze, fein geschnitten
1 Prise Paprikapulver
Salz, frisch gemahlener weißer Pfeffer

Die Salatgurke nicht schälen, sondern nur waschen. Dann halbieren und die Kerne mit einem Löffel ausschaben. Die Gurkenhälften in kleine Würfel schneiden.

Die Hälfte der Gurkenwürfel zusammen mit der geschälten Knoblauchzehe in der Brühe weichgaren und darin abkühlen lassen.

Die Knoblauchzehe herausnehmen und zusammen mit den restlichen Gurkenwürfeln, dem gewürfelten Apfel und der Buttermilch mit dem Pürierstab oder im Mixer pürieren.

Anschließend den Joghurt sowie die gegarten Gurkenwürfel samt ihrer Kochbrühe in das Püree einrühren. Die Suppe mit Salz und frisch gemahlenem weißen Pfeffer abschmecken und die feingeschnittenen Minzblättchen einstreuen. Zugedeckt im Kühlschrank durchkühlen.

In vorgekühlte Suppenschalen verteilen und mit einer Prise Paprikapulver bestreut servieren.

Grüne Erbsensuppe

Diese sommerliche Suppe kann heiß oder eisgekühlt serviert werden. Für ein festliches Essen können Sie pro Portion 2 bis 3 Krebsschwänze in die Suppe einlegen.

50 g Kaiserschoten, geputzt
300 g grüne Erbsen, tiefgefroren
2 Kartoffeln, geschält und gewürfelt
2 Schalotten, gewürfelt
1 EL Olivenöl
1/2 l Gemüsebouillon oder Geflügelfond (Rezepte Seiten 60, 61)
1/2 l fettarme Milch
150 ml cremig gerührter Joghurt
2 TL fein geschnittene Pfefferminze
Salz, frisch gemahlener weißer Pfeffer

Die Kaiserschoten in kochendem Salzwasser 2 Minuten blanchieren, herausheben und eiskalt abschrecken. Schräg in dünne Streifen schneiden und in einem Frischhaltebeutel im Kühlschrank bereithalten. Die tiefgefrorenen Erbsen auftauen lassen und kalt abspülen.

Die Schalottenwürfel im Olivenöl glasig dünsten. Die Kartoffelwürfel zufügen und unter Rühren kurz anschwitzen. Die Erbsen einstreuen und leicht salzen. Die Brühe zugießen, zum Kochen bringen und auf kleiner Flamme 10 bis 12 Minuten kochen lassen. Anschließend mit dem Pürierstab oder im Mixer pürieren. Danach durch ein feines Sieb streichen.

Zurück aufs Feuer setzen, die Milch einrühren und kurz aufkochen. Mit Salz und frisch gemahlenem Pfeffer abschmecken. Abkühlen lassen und anschließend im Kühlschrank gut durchkühlen.

Kurz vor dem Anrichten die Kaiserschoten-Streifen in die Suppe streuen. Den Joghurt mit der Pfefferminze verrühren und mit etwas Salz und Pfeffer abschmecken. Die Suppe in vorgekühlte Suppenschalen verteilen und mit je 1 Eßlöffel Joghurt garnieren.

Fischgerichte

Fisch, darin sind sich ausnahmsweise alle Ernährungsexperten einig, ist besonders gesund. Nicht nur das. Die Gourmets stimmen überein, daß Fisch auch besonders gut schmeckt. Der Starkoch Anton Mosimann ist sogar der Meinung, daß es nichts Besseres als Fisch gibt.

Fisch hat kurze Garzeiten. Er ist daher ideal für die moderne Küche, die ja meist auch eine schnelle Küche sein soll. Fisch darf nie bei zu hohen Temperaturen gegart werden. Sein Eiweiß gerinnt bereits bei etwa 40° C. Übergarter Fisch wird trocken und verliert an Geschmack.

Kaufen Sie Fisch bei einem zuverlässigen Händler, der einen schnellen Warenumschlag hat. Frischer Fisch riecht angenehm nach Meer und Seetang und nie aufdringlich »fischig«. Eine Ausnahme ist Rochen, der fangfrisch einen leichten Ammoniakgeruch hat.

Ganze Fische müssen feucht, glatt und glänzend aussehen. Die Schuppen müssen fest anhaften, die Kiemen feucht, tiefrot oder tiefbraun sein, und die Augen prall und klar. Die Schleimhaut von Forellen und Schollen darf nicht schmierig sein. Fischfilet muß fest sein und einen leichten Schimmer haben. Sieht es matt, fleckig und faserig aus und hat es trockene Ränder, dann ist es alt. Nur wirklich frischer Fisch ist ein Genuß.

Streifen von Seesaibling mit Dill-Joghurtcreme

Zum Garen der Fischstreifen ist ein Mikrowellenherd ideal. Sie lassen sich auch über Dampf garen. Streuen Sie einen Dämpfeinsatz mit den Schalottenringen aus und legen Sie die gewürzten Fischstreifen mit der Hautseite nach unten darauf. Die Dillstengel geben Sie in den Wein, den Sie mit ausreichend Wasser auffüllen. Bringen Sie die Flüssigkeit zum Kochen, bevor Sie den Dämpfeinsatz darübersetzen. Je nach Dicke benötigen die Fischstreifen 6 bis 8 Minuten.

600 g Seesaiblingfilet mit Haut
Saft von 1/2 Zitrone
100 ml trockener Weißwein
2–3 Schalotten, in dünne Ringe geschnitten
einige Dillstengel
Salz, frisch gemahlener schwarzer Pfeffer

Für die Sauce:
300 ml cremiger fettarmer Joghurt
2 TL Birnendicksaft
1 EL tafelfertiger Meerrettich
Meersalz
1 Bund Dill

Für die Garnitur:
Kirschtomaten, einige gemischte Salatblätter
1 EL Vinaigrette (Rezept Seite 180)
4 Dillspitzen

Für die Sauce den Joghurt mit dem Birnendicksaft sowie dem Meerrettich verrühren und mit etwas Meersalz abschmecken. Die Dillspitzen von den Stengeln zupfen, fein zerschneiden und unter die Joghurtcreme heben. Bis zum Servieren zugedeckt in den Kühlschrank stellen. Die Dillstengel für den Fischsud verwenden.

Das Saiblingfilet, das nicht gehäutet wird, damit es beim Garen nicht zerfällt, mit Zitronensaft beträufeln, pfeffern und vorsichtig salzen. Anschließend quer in 4 gleichmäßig breite Streifen schneiden. Eine flache mikrowellengeeignete Schale mit dem Wein ausgießen und mit Schalottenringen und Dillstengeln ausstreuen. Darauf die gewürzten Fischstreifen mit der Hautseite nach unten setzen. Die Schale mit Mikrowellenfolie abdecken. Den Fisch knapp 3 Minuten bei voller Leistung in der Mikrowelle garen. Zugedeckt abkühlen lassen.

Kurz vor dem Servieren 4 Teller mit den gemischten Salatblättern auslegen und diese mit einem Backpinsel mit der Vinaigrette bestreichen. Je einen Seesaiblingstreifen mit der Hautseite nach unten daraufsetzen und zur Hälfte mit der Dillcreme überziehen. Mit einigen halbierten Kirschtomaten umstreuen und mit je einer Dillspitze garnieren.

Seeteufelmedaillons auf Fenchel-Tomaten-Gemüse

Ein elegantes leichtes Essen, das Sie schnell zubereiten und mit Weißbrot oder Bandnudeln servieren können. Seeteufel sollte immer gut durchgegart werden. Damit er nicht austrocknet, wenden Sie ihn in Mehl und braten Sie ihn rundum kurz an. Verwenden Sie keine geschwärzten Oliven (dies muß auf dem Etikett vermerkt sein); sie färben nämlich ab.

400 g Seeteufelfilet
Mehl zum Bestäuben
2 TL Olivenöl
4 EL Weißwein oder Noilly Prat
Salz, frisch gemahlener weißer Pfeffer

Für das Gemüse:
2 Fenchelknollen, geputzt
1 Fleischtomate, geschält und entkernt
1 Schalotte, fein gewürfelt
1 Knoblauchzehe, fein gehackt
1 EL Olivenöl
1/2 TL Fenchelsamen
1/2 Glas trockener Weißwein
1 Prise Zucker
Fenchelgrün und entsteinte schwarze Oliven als Garnitur

Für das Gemüse die Fenchelknollen halbieren und quer in dünne Streifen schneiden. Das Tomatenfruchtfleisch würfeln.

Die Schalottenwürfel und den gehackten Knoblauch im Olivenöl glasig dünsten. Die Fenchelstreifen und die Fenchelsamen einstreuen, leicht salzen und unter Rühren kurz anschwitzen. Den Weißwein zugießen. Den Fenchel im geschlossenen Topf auf kleiner Flamme 10 Minuten schmoren. Danach die Tomatenwürfel unterheben und schmelzen lassen. Das Gemüse mit 1 Prise Zucker, Salz und frisch gemahlenem Pfeffer abschmecken.

Den Filetstrang waschen, trockentupfen und in 8 gleichmäßig dicke Medaillons schneiden. Die Medaillons leicht flach drücken und mit Salz und frisch gemahlenem weißen Pfeffer würzen. Im Mehl wenden und den Überschuß abschütteln.

Eine antihaftbeschichtete Pfanne mit Olivenöl ausstreichen. Darin die Medaillons von jeder Seite 2 Minuten über mittelstarker Hitze anbraten, damit sich eine Kruste bildet. Herausnehmen und in eine ofenfeste Form setzen. Den Bratensatz mit einem Schuß Weißwein oder Noilly Prat ablöschen. Die Flüssigkeit auf die Hälfte einkochen lassen und um die Medaillons träufeln. In einem 180° C heißen Ofen in etwa 8 Minuten fertiggaren.

Das Tomaten-Fenchel-Gemüse auf vorgewärmte Teller verteilen. Darauf je 2 Seeteufelmedaillons setzen und mit fein geschnittenem Fenchelgrün umstreuen.

Manhattan Chowder

Dieses Ragout ist eine Spezialität aus Neuengland. Es war ursprünglich ein Seemannsgericht aus Fisch oder Muscheln, Pökelfleisch und Kartoffeln. Sein Name leitet sich wahrscheinlich vom französischen »chaudière« ab, dem Kessel, in dem das Gericht gekocht wurde. Statt reichlich Butter und Sahne, wie bei einem »Boston Chowder«, verwende ich für diesen schlanken »Manhattan Chowder« reichlich Gemüse, fettarme Milch und leichte Kondensmilch.

200 g Rotbarschfilet
200 g Lachsfilet
Saft von 1/2 Zitrone
1 kleine Dose zarter Gemüsemais (Abtropfgewicht etwa 250 g)
2 Stangen Staudensellerie
1 EL Olivenöl
1 Zwiebel, gewürfelt
2 Karotten, geputzt und gewürfelt
2 Kartoffeln, geschält und gewürfelt
2 Lorbeerblätter
1/4 l Wasser
1/2 l fettarme Milch
1 80-g-Dose Kondensmilch (4 Prozent Fettgehalt)
fein geschnittene glatte Petersilie
1 Prise Cayennepfeffer
Salz, frisch gemahlener weißer Pfeffer

Das Fischfilet salzen, pfeffern und mit Zitronensaft beträufeln. Danach in etwa 3 Zentimeter große Würfel schneiden. Den Gemüsemais aus der Dose auf ein Sieb schütten, kalt abspülen und abtropfen lassen. Vom Staudensellerie wie beim Rhabarber die Fäden abziehen. Die Stangen in dünne Scheibchen schneiden.

In einem Schmortopf das Olivenöl erhitzen und darin die Zwiebelwürfel glasig dünsten. Die Sellerieschreiben, die klein gewürfelten Karotten und Kartoffeln einstreuen. Leicht salzen und kurz andünsten. Die Lorbeerblätter einlegen und das Gemüse knapp mit Wasser bedecken. Zum Kochen bringen und auf kleiner Flamme weichgaren.

Danach die Milch und die Kondensmilch zugießen sowie die Maiskörner unterheben. Unter ständigem Rühren zum Kochen bringen. Die Fischwürfel einlegen und auf kleiner Flamme garziehen lassen.

Den Chowder mit Cayennepfeffer schärfen und mit Salz und frisch gemahlenem weißen Pfeffer abschmecken. Mit fein geschnittener Petersilie bestreut in einer Terrine auftragen und rustikales Weißbrot dazu reichen.

Catfish auf kreolische Art

Der Catfish oder amerikanische Zwergwels ist ein Zuchtfisch mit festem weißem, kalorienarmem Fleisch. Er wird als Filet aus den Südstaaten der U.S.A. exportiert und erfreut sich auch bei uns wachsender Beliebtheit. Das Rezept ist einem Gericht aus New Orleans nachempfunden: Blackened Fish.

4 Catfish-Filets von je 150 g
1 EL Olivenöl
Saft von 1/2 Limette
2 Knoblauchzehen, gepreßt
1 TL gemahlener Kreuzkümmel
1 TL getrockneter Thymian
1/4 TL Cayennepfeffer
Salz

Die Fischfilets kalt abspülen und trockentupfen. Das Olivenöl mit dem Limettensaft, dem durchgepreßten Knoblauch und 1 Prise Salz verrühren. Die Gewürze vermischen.

Die Filets von beiden Seiten mit der Gewürzmischung einreiben und mit der Knoblauchpaste bestreichen. In einer antihaftbeschichteten Pfanne ohne Fett oder in einer mit Olivenöl dünn ausgestrichenen Grillpfanne von jeder Seite etwa 3 Minuten grillen. In der Folie gebackene Kartoffeln dazu reichen.

Rotbarben auf Paprikastreifen

Rotbarben sind typische Mittelmeerfische mit sehr delikatem Fleisch. Da sie keine Galle haben, werden sie auch als »Schnepfen des Meeres« bezeichnet. Ihre Leber gilt als Delikatesse.

Zu Rotbarben paßt ein mit Thymian gewürzter roter Camargue-Reis, den Sie im Reformhaus oder Bioladen bekommen können. Da es ein Naturreis ist, benötigt er nach 30 Minuten Kochzeit noch etwa 15 Minuten zum Ausquellen.

4 Rotbarben von je 250 g
Mehl zum Bestäuben
1–2 EL Olivenöl
4–6 Knoblauchzehen, geschält
Salz, frisch gemahlener schwarzer Pfeffer

Für das Paprikagemüse:
Je 2 große rote und gelbe Paprikaschoten
1 kleines Bund Basilikum

Für das Paprikagemüse die Schoten waschen und einzeln in Aluminiumfolie einschlagen. Im 180° C heißen Ofen 30 Minuten garen. Kurz in der Folie abkühlen lassen. Danach schälen, halbieren und den Samenstand entfernen. Das Fruchtfleisch in 1 Zentimeter breite Streifen schneiden, leicht salzen und pfeffern. Das Gemüse zugedeckt warmhalten.

Die Rotbarben schuppen, ausnehmen, Köpfe und Flossen entfernen, nicht aber die Lebern. Die Mittelgräte vom Kopfende her auslösen und am Schwanzende abtrennen. Die Fische auseinanderklappen. Mit Salz und Pfeffer würzen und leicht mit Mehl bestäuben. Die Knoblauchzehen quer in dünne Blättchen schneiden.

Das Olivenöl in einer antihaftbeschichteten Pfanne erhitzen. Die Fische mit der Hautseite nach unten hineinlegen und 2 Minuten braten. Die Fische vorsichtig wenden und mit dem quer in dünne Blättchen geschnittenen Knoblauch umstreuen. Weitere 3 bis 4 Minuten über milder Hitze braten, dabei darauf achten, daß der Knoblauch nicht verbrennt. Die Rotbarben herausnehmen und auf vier vorgewärmte Teller verteilen.

Die Paprikastreifen in der heißen Pfanne wenden und dabei mit den Knoblauchblättchen und dem in feine Streifen geschnittenen Basilikum vermischen. Die Rotbarben mit den Paprikastreifen umlegen und sofort servieren.

Schellfisch nach provenzalischer Art

Auf die gleiche Art können Sie Thunfischsteaks zubereiten. Das weiße Fleisch vom Schellfisch ist jedoch saftiger und hebt sich besser von der Sauce ab.

4 Scheiben Angelschellfisch von je 150 g
Saft von 1/2 Zitrone
Mehl zum Bestäuben
4 Schalotten, halbiert und in Streifen geschnitten
1 EL Olivenöl
3 Fleischtomaten, geschält, entkernt und gewürfelt
2 Knoblauchzehen, zerdrückt
2 Lorbeerblätter
1 TL frischer Thymian, fein gehackt
1 Streifen Orangenschale von einer unbehandelten Frucht
12 grüne Oliven, entkernt und längs halbiert
1/8 l trockener Weißwein
Salz, frisch gemahlener schwarzer Pfeffer

Die Fischscheiben mit Zitronensaft beträufeln. Mit Salz und Pfeffer würzen und leicht mit Mehl bestäuben.

In einer großen beschichteten Pfanne die Schalottenstreifen im Olivenöl andünsten. Herausheben oder an den Pfannenrand schieben. Die Fischscheiben hineinlegen und von beiden Seiten je 2 Minuten anbraten.

Anschließend die Tomatenwürfel, den zerdrückten Knoblauch, die Lorbeerblätter, den Thymian und die Orangenschale um den Fisch streuen. Vorsichtig mit den Zwiebelstreifen vermischen, etwas Salz zufügen und den Wein angießen. Zugedeckt auf kleiner Flamme etwa 10 Minuten schmoren. Kurz vor Ende der Garzeit die Oliven zugeben. Die Schellfischscheiben herausheben und warmhalten.

Die Sauce mit Salz, reichlich frisch gemahlenem schwarzen Pfeffer und nach Belieben mit einer kleinen Prise Zucker abschmecken. Auf vorgewärmte Teller verteilen und darauf den Fisch anrichten. Kleine neue Kartoffeln oder knuspriges Baguettebrot dazu reichen.

Pochierter Lachs auf Rieslingsauce

4 Lachsscheiben von je 150 g
Saft und abgeriebene Schale von 1/2 unbehandelten Zitrone
2 Schalotten, gewürfelt
2 TL Öl
1/4 l Riesling
1/4 l Fischfond (aus dem Glas)
1 EL Crème fraîche
1 EL Quark
1 Prise Cayennepfeffer
1 EL gezupfter Kerbel
Salz

Die Lachsscheiben mit Zitronensaft beträufeln, mit abgeriebener Zitronenschale bestreuen und leicht salzen.

Einen flachen Topf mit dem Öl ausstreichen und darin die Schalottenwürfel kurz anschwitzen. Die Lachsscheiben auf die Schalottenwürfel legen und die Hälfte des Weins angießen. Mit dem Fischfond auffüllen, so daß der Lachs gerade bedeckt ist. Mit einem Bogen Pergamentpapier abdecken und den Fisch knapp unter dem Siedepunkt in etwa 8 Minuten garziehen lassen. Danach herausheben und warmhalten.

Den Pochierfond 3 bis 4 Minuten auf großer Flamme einkochen lassen. Den restlichen Wein zugießen und nochmals reduzieren. Die Sauce mit dem Pürierstab pürieren – die Schalottenwürfel ergeben dabei eine leichte Bindung – und die Crème fraîche sowie den Quark einarbeiten. Mit Salz, einer Prise Cayennepfeffer und nach Belieben noch mit einer kleinen Prise Zucker abschmecken.

Die Lachstranchen auf vorgewärmte Teller verteilen, mit der Rieslingsauce überziehen und mit gezupftem Kerbel garnieren. Dazu können Sie Reis oder Nudeln servieren.

Lachssteak auf Spinat nach japanischer Art

Gomasio ist ein Würzsalz aus der japanischen Küche. Falls möglich, bereiten Sie es aus Sesamsaat selbst zu. Wasabi, auch japanischer Meerrettich genannt, ist in kleinen Döschen als Paste oder als Pulver in Ostasienläden oder in den Spezialabteilungen gutsortierter Supermärkte erhältlich. Das Wasabi-Pulver zu gleichen Teilen mit lauwarmem Wasser vermischen und etwa 10 Minuten quellen lassen.

Verwenden Sie für dieses Gericht den robusten Winterspinat.

Durch kurzes Blanchieren können Sie den Nitratgehalt von Spinat beträchtlich reduzieren.

4 Lachsscheiben von je 150 g
3 EL Olivenöl
500 g Winterspinat, entstielt und gewaschen
1 EL japanische Sojasauce

1/2 TL Wasabipaste oder 1 TL geriebener Meerrettich
Saft von 1/2 Zitrone
2 TL japanischer eingelegter Ingwer, in dünne Scheibchen geschnitten
Salz, frisch gemahlener schwarzer Pfeffer

Für das Gomasio-Würzsalz:
2 EL Sesamsaat
1 TL grobes Meersalz

Für das Gomasio-Würzsalz die Sesamsaat in einer Pfanne ohne Fett leicht anrösten. Abkühlen lassen, mit dem Meersalz vermischen und im Mörser fein zerstoßen.

Die Lachsscheiben mit einigen Tropfen Zitronensaft beträufeln und kurz ruhen lassen.

Inzwischen den Spinat quer in breite Streifen schneiden. In kochendes gesalzenes Wasser streuen und kurz blanchieren. Auf ein Sieb schütten, kalt abschrecken und ausdrücken.

Die Lachsscheiben von beiden Seiten mit etwa 1 Eßlöffel Olivenöl bestreichen. In einer heißen antihaftbeschichteten Pfanne von beiden Seiten je nach Dicke der Scheiben 2 bis 3 Minuten braten. Mit Salz und frisch gemahlenem Pfeffer würzen.

Das restliche Öl in einer großen Sauteuse erhitzen und die Spinatstreifen darin wenden. Die Sojasauce mit der Wasabi-Paste und dem restlichen Zitronensaft verrühren und den Spinat damit würzen. Zuletzt den Ingwer unterheben.

Den Spinat auf vorgewärmte Teller verteilen, mit Gomasio bestreuen und je eine Lachsscheibe darauf plazieren. Dazu Reis servieren.

Fischcurry auf Mandelreis mit Brokkoli

Statt Rotbarsch können Sie auch Lachs oder Heilbutt verwenden. Das kurze Anbraten ohne Fett bewirkt, daß der Fisch beim Nachgaren in der Currysauce saftig bleibt.

Für 4 Portionen:
400 g Rotbarschfilet
80 g Shrimps, abgekocht und geschält

Für die Currysauce:
1 EL Olivenöl
1 Zwiebel, fein gewürfelt
1 kleine Knoblauchzehe, gepreßt
1 kleiner Apfel (Cox Orange), geschält und gewürfelt
1 Tomate, geschält, entkernt und gewürfelt
2 TL mildes Currypulver
2 TL Mehl
1/4 l fettarme Milch
2 EL cremig gerührter Joghurt
1 EL Mango-Chutney
Salz

Für den Mandelreis:
200 g Basmati-Reis
4 Kardamomkapseln
200 g Brokkoliröschen
2 EL geschälte Mandeln
1 TL Butter

Das Fischfilet in etwa 2 cm große Würfel schneiden. In einer ungefetteten antihaftbeschichteten Pfanne kurz von allen Seiten anbraten und bereithalten.

Für die Currysauce das Olivenöl in einem Schmortopf erhitzen und darin die Zwiebelwürfel glasig dünsten. Den Knoblauch sowie die Apfel- und Tomatenwürfel zufügen. Unter Rühren weichdünsten. Leicht salzen und das Currypulver einrühren. Das Mehl anstäuben und kurz anschwitzen. Danach die Milch zugießen und unter ständigem Rühren aufkochen. Sobald die Sauce bindet, kann man sie mit dem Stabmixer pürieren.

Danach den mit dem Mango-Chutney verrührten Joghurt einrühren und die Fischwürfel sowie die Shrimps einlegen. Zugedeckt auf kleinster Flamme 5 bis 6 Minuten ziehen lassen.

Inzwischen den Basmati-Reis in der 1 1/2fachen Menge Wasser aufsetzen. Mit wenig Salz und den im Mörser zerstoßenen Kardamomkapseln würzen. Aufkochen, umrühren und zugedeckt über milder Hitze in etwa 12 Minuten weichgaren.

Den Brokkoli 3 Minuten blanchieren und in einem Sieb abtropfen lassen. In einer kleinen Pfanne die Mandeln in der Butter anrösten. Den Brokkoli zufügen und kurz durchschwenken. Leicht salzen und mit dem Reis vermischen.

Auf vorgewärmten Tellern einen Reisrand setzen und den Fischcurry hineingeben.

Kedgeree

Dieses Gericht stammt aus der anglo-indischen Kolonialküche. Mit einem gemischten Salat ergibt es ein leichtes, leckeres Mittagessen. Sollten Sie frische Kaffirlimettenblätter bekommen, dann heben Sie statt der Limettenschale 1 bis 2 in feine Streifen geschnittene Blätter unter den Reis.

200 g Lachsfilet mit Haut
1/4 l fettarme Milch
125 g Langkornreis
1 geräuchertes Forellenfilet ohne Haut
1 TL Butter
1 Schalotte, fein gewürfelt
1 nußgroßes Stück Ingwer, fein gehackt
1 TL mildes Currypulver
Saft und abgeriebene Schale von 1 Limette
1 EL fein geschnittene glatte Petersilie oder Koriandergrün
Salz, frisch gemahlener Pfeffer

Das Lachsfilet mit der Hautseite nach unten in eine ofenfeste Form legen. Mit etwas Salz und frisch gemahlenem Pfeffer würzen. So viel Milch angießen, daß der Fisch knapp bedeckt ist. Mit Aluminiumfolie fest verschließen und in einem 175° C heißen Ofen etwa 20 Minuten pochieren. Herausnehmen und handwarm abkühlen lassen. Die Haut vom Filet abziehen und den Fisch grob zerpflücken. Den Pochierfond bereithalten.

Inzwischen den Reis knapp weich garen.

In einer Sauteuse die Butter erhitzen. Die Schalottenwürfel sowie den Ingwer einstreuen und über milder Hitze glasig dünsten. Das Currypulver zufügen und kurz mitdünsten, damit sein Aroma besser hervortritt. Danach den Pochierfond vom Lachs einrühren. Zum Kochen bringen und auf kleiner Flamme 2 bis 3 Minuten kochen lassen. Den Reis und die abgeriebene Limettenschale oder, falls vorhanden, die fein zerschnittenen Zitronenblätter zufügen.

Den zerpflückten Lachs und das zerpflückte Forellenfilet unterheben. Das Kedgeree mit Salz, frisch gemahlenem Pfeffer und einigen Spritzern Limettensaft abschmecken.

In einer vorgewärmten Servierschüssel anrichten. Mit fein geschnittener Petersilie oder Koriandergrün bestreuen.

Fishcakes

Selbst berühmte Starköche wie Anton Mosimann schätzen Fishcakes, ursprünglich ein einfaches Reste-Essen aus übrig gebliebenem Fisch und Kartoffelbrei. Kinder, die sonst keinen Fisch mögen, essen sie mit Begeisterung – und Ketchup. Das folgende Rezept ist meine Version eines Rezeptes von Mosimann, der die Fishcakes mit einer Tomatensauce serviert. Ich gebe eine Dill-Joghurtcreme (Rezept Seite 78) und einen gemischten Blattsalat dazu.

300 g Kabeljaufilet
je 4 EL trockener Weißwein und Wasser
300 g mehligkochende Kartoffeln, geschält
50 g geräucherter Schellfisch ohne Haut
je 1 EL Petersilie und Schnittlauch, fein geschnitten
1 Ei, getrennt
Mehl zum Bestäuben
Paniermehl
2 EL Olivenöl
Salz, frisch gemahlener Pfeffer
Zitronenachtel als Garnitur

Das Kabeljaufilet nach versteckten Gräten abtasten und diese entfernen. Das Filet in eine flache ofenfeste Form legen, mit Salz und Pfeffer würzen und mit der Flüssigkeit umgießen. Zugedeckt 2 Minuten in der Mikrowelle garen oder 4 Minuten auf dem Herd pochieren – der Fisch darf im Inneren noch glasig sein. Im Sud abkühlen lassen.

Die Kartoffeln weichgaren, abgießen und trockendämpfen. Anschließend durch die Kartoffelpresse treiben und mit dem grob zerpflückten Kabeljaufilet und dem geräucherten Schellfisch sowie der Petersilie und dem Schnittlauch vermengen. Die Masse mit dem Eigelb binden und mit Salz und frisch gemahlenem Pfeffer würzen. Eventuell noch teelöffelweise etwas vom Pochierfond zugeben.

Auf einer bemehlten Arbeitsfläche zu einer dicken Rolle formen und diese in 8 Scheiben schneiden. Etwa 20 Minuten zum Festwerden in den Kühlschrank geben.

Danach das Eiweiß zu lockerem Schnee verquirlen. Die Fishcakes vorsichtig im Eischnee und anschließend in Paniermehl wenden.

Das Öl in einer antihaftbeschichteten Pfanne erhitzen und darin die Fishcakes knusprig braten. Je 2 Fishcakes und 2 Zitronenschnitze pro Person servieren.

Seezungenstreifen auf Auberginen-Pilz-Ragout

Auberginen und Pilze – eine ungewöhnliche Kombination, werden Sie meinen. Probieren Sie – es schmeckt. Auberginenwürfel sollten Sie in der Mikrowelle vorgaren. So bleiben sie schön weiß und brauchen zum Fertiggaren nur einen Bruchteil des sonst benötigten Öls. Statt Seezungen können Sie auch die preiswerteren Schollenfilets nehmen.

8 Seezungen- oder Schollenfilets von insgesamt etwa 500 g
Saft von 1 Limette
1 TL Butter
Salz, frisch gemahlener weißer Pfeffer

Für das Ragout:
1 kleine Aubergine
500 g kleine feste Champignons, geputzt
2 Schalotten, fein gewürfelt

1 EL Olivenöl
1 EL fein geschnittene glatte Petersilie oder
2 TL Koriandergrün

Für das Ragout die Aubergine schälen und in etwa 1 Zentimeter große Würfel schneiden. Die Würfel in ein Sieb geben. Mit Salz bestreuen und Saft ziehen lassen. Danach kalt abspülen und abtropfen lassen.

Zugedeckt im Mikrowellenherd 4 Minuten vorgaren.

Inzwischen die Champignons in Scheiben schneiden oder vierteln, falls sie sehr klein sind. In Limettensaft wenden, damit sie weiß bleiben.

Die Schalottenwürfel im Öl glasig dünsten. Die Pilze zufügen und leicht salzen. Unter Rühren über Mittelhitze weichbraten. Danach die vorgegarten Auberginenwürfel unterheben. Mit Salz und Pfeffer abschmecken und fein geschnittene Petersilie oder Koriandergrün unterheben. Das Ragout auf kleinster Flamme etwa 4 Minuten ziehen lassen. Die Seezungenfilets mit wenigen Tropfen Limettensaft beträufeln und mit Salz und frisch gemahlenem weißem Pfeffer würzen. In einer antihaftbeschichteten Pfanne die Butter erhitzen und darin die Filets von beiden Seiten je 1 Minute anbräunen.

Das Auberginen-Pilz-Ragout auf vorgewärmte Teller verteilen.

Je 2 Seezungenfilets darauf plazieren und mit der restlichen Petersilie umstreuen.

Gedämpftes Rotbarschfilet mit Tomaten-Vinaigrette auf Zucchini-Fenchel-Gemüse

Statt mit kalorienreichen Butter- oder Sahnesaucen kann man Fisch auch mit einer würzigen Vinaigrette servieren. Das tun jetzt viele Starköche, die eine leichte Küche vertreten.

4 Scheiben Rotbarschfilet von je 150 g
1 kleine Zwiebel, in Ringe geschnitten
1 Fleischtomate, geschält, entkernt und gewürfelt
4–5 EL Olivenöl
2 EL Zitronensaft
1 kleine Knoblauchzehe, gepreßt
1 Spritzer Tabasco
fein geschnittener Schnittlauch
Salz, frisch gemahlener schwarzer Pfeffer

Für das Gemüse:
1 Fenchelknolle
2 kleine Zucchini
1 EL Olivenöl
1 Schalotte, fein gewürfelt
1 TL abgeriebene Zitronenschale von einer unbehandelten Frucht

Für das Gemüse die geputzte Fenchelknolle längs vierteln.Die Viertel quer in Streifen schneiden. Etwas Fenchelgrün für die Garnitur bereithalten. Die Zucchini vom Stielansatz befreien und ungeschält in dünne Scheiben schneiden.

Im heißen Olivenöl die Schalottenwürfel glasig dünsten. Die Fenchelstreifen einstreuen und unter Rühren etwa 3 Minuten dünsten. Danach die Zucchinischeiben, die abgeriebene Zitronenschale sowie etwas Salz und Pfeffer zufügen. Das Gemüse über milder

Hitze nicht zu weich garen. Abschmecken und etwas fein geschnittenes Fenchelgrün unterheben.

Das Rotbarschfilet mit Salz und Pfeffer würzen und in einen mit den Zwiebelringen ausgestreuten Dämpfeinsatz legen. Je nach Dicke die Scheiben 6 bis 8 Minuten über Dampf garen.

Inzwischen die Tomatenwürfel über milder Hitze leicht erwärmen. Das Olivenöl mit dem Zitronensaft, dem durchgepreßten Knoblauch, 1 Spritzer Tabasco, 1 Prise Salz und frisch gemahlenem Pfeffer verquirlen. Die Vinaigrette mit den lauwarmen Tomatenwürfeln vermischen und etwas fein geschnittenen Schnittlauch unterheben.

Das Fenchel-Zucchini-Gemüse auf vorgewärmte Teller verteilen.

Auf das Gemüsebett je 1 Scheibe Rotbarschfilet plazieren und mit der Tomaten-Vinaigrette überziehen.

Gedämpfter Ingwer-Fisch mit »Sizzling Oil«

Ein Gericht aus dem legendären Restaurant Memories of China in London. Ken Lo ließ mich in der Küche zusehen, wie es zubereitet wird. Dies ist meine Version, die Sie auch in Ihrer Küche ohne Schwierigkeit nachkochen können. Bei Ken Lo wurde Wolfsbarsch verwendet. Man kann jedoch auch einen ganzen Rotbarsch oder eine Meerforelle nehmen.

Der Fisch wird vor dem Dämpfen ziseliert, d. h. beidseitig mit 3 bis 4 tiefen Schrägschnitten versehen, damit er gleichmäßig gart und von den Aromaten durchdrungen wird. Für die Zubereitung benötigt man einen länglichen Fischkessel und eine hitzebeständige Schale als Dämpfeinsatz oder ein elektrisches Dampfgargerät.

1 ganzer Fisch (Wolfsbarsch, Rotbarsch) von etwa 1,25 kg
6 Frühlingszwiebeln, geputzt
60 g Ingwer, geschält
Salz, frisch gemahlener schwarzer Pfeffer

Für das Dressing:
2 EL helle Sojasauce
2 EL Sherry
2 TL Birnendicksaft oder Zucker
1 TL in Streifen geschnittene Limettenschale
3 EL Olivenöl
1 TL chinesisches Sesamöl (nach Belieben)

Den küchenfertig vorbereiteten Fisch innen und außen kalt abspülen und trockentupfen. Auf beiden Seiten mit etwa 1 Zentimeter tiefen Schrägschnitten versehen und mit Salz und Pfeffer einreiben.

Die Frühlingszwiebeln längs halbieren und in dünne Streifen schneiden. Den Ingwer in dünne Streifen schneiden. Die Zwiebel- und Ingwerstreifen vermischen. Die Hälfte davon abnehmen und bereithalten.

Für das Dressing die Sojasauce mit dem Sherry, dem Birnendicksaft oder dem Zucker und der Limettenschale in einem kleinen Topf verrühren. Für das »Sizzling Oil« das Olivenöl und das Sesamöl in einem Butterpfännchen vermischen.

Den Fisch in eine flache hitzebeständige Schale legen und mit der Hälfte der Gemüsestreifen bestreuen. Zugedeckt über starker Hitze etwa 15 Minuten dämpfen. Danach auf der Schale aus dem Dämpfer heben, die gegarten Zwiebel- und Ingwerstreifen entfernen und durch die bereitgehaltenen rohen ersetzen.

Das Dressing mit der Flüssigkeit, die sich in der Schale gesammelt hat, verrühren und bis knapp zum Siedepunkt erhitzen. Den Fisch mit dem heißen Dressing übergießen. Das Öl stark erhitzen und den Fisch der Länge nach damit beträufeln, so daß es zischt. Den Fisch im Ganzen auftragen und erst bei Tisch zerteilen.

Lachsbouletten auf Champagnerkraut

Festlich, aber nicht üppig ist dieses alte Berliner Hausrezept. Statt Lachs können Sie auch Rotbarsch, statt rohem Fisch auch Reste von pochiertem oder gebratenem Fisch verwenden. Dann sollten Sie allerdings sparsamer würzen.

Für das fruchtige Champagnerkraut kaufe ich im Reformhaus frisches Sauerkraut, das besonders mild ist. Im geschlossenen Topf und in wenig Sekt geschmort, bleibt es wunderbar weiß.

Für die Lachsbouletten:
400 g Lachsfilet
50 g altbackenes Weißbrot, entrindet
2 Schalotten, fein gewürfelt
1 TL Butter
1 Ei
1 TL abgeriebene Zitronenschale
1 TL Worcestersauce
1 EL kleine Räucherlachswürfel (nach Belieben)
4 EL Paniermehl
2 TL Olivenöl zum Braten
Salz, frisch gemahlener schwarzer Pfeffer

Für das Champagnerkraut:
500 g mildes Sauerkraut
1 TL Butter
1/2 Apfel (Boskop), geschält und sehr klein gewürfelt
4 Scheiben Ananas aus der Dose
12 Wacholderbeeren
4 EL Ananassaft
1/2 Piccolo-Sekt

Für die Bouletten das Lachsfilet würfeln. Das Weißbrot in Wasser einweichen und gut ausdrücken. Die Schalottenwürfel in wenig Butter glasig dünsten.

Die Lachswürfel mit dem eingeweichten Weißbrot, den gedünsteten Schalottenwürfeln, dem Ei und der abgeriebenen Zitronenschale in der Küchenmaschine zu einer groben Farce vermischen. Nicht zermusen.

Die Farce in eine Schüssel geben und mit Worcestersauce, Salz und Pfeffer abschmecken. Nach Belieben noch kleine Räucherlachswürfel unterheben. Mit nassen Händen 8 Bouletten formen, etwas flachdrücken und in Paniermehl wenden.

In einer antihaftbeschichteten Pfanne das Öl erhitzen. Die Bouletten einlegen und auf mittlerer Flamme von jeder Seite etwa 4 Minuten braten.

Unterdessen das Sauerkraut mit einer Gabel lockern. In einem gußeisernen Schmortopf die Butter erhitzen und darin die Apfelwürfel andünsten. Die Ananasscheiben würfeln und einstreuen. Danach das Sauerkraut und die Wacholderbeeren einrühren. Mit dem Saft der Dosen-Ananas und dem Sekt übergießen. Zugedeckt auf mittlerer Flamme etwa 25 Minuten schmoren.

Das Champagnerkraut auf vorgewärmte Teller verteilen und mit je 2 Lachsbouletten belegen. Dazu Kartoffelpüree reichen.

Forellen in Aspik mit Meerrettich-Nuß-Sauce

Für dieses Gericht sollten Sie kleine Forellen von nicht mehr als 250 Gramm verwenden. Durch die besondere Garmethode zerfallen die Forellen nicht und bleiben schön saftig. Für den Sud lassen Sie sich vom Fischhändler Gräten von Weißfischen wie Seezunge, Butt oder Zander mitgeben. Auf die gleiche Art können Sie Lachsscheiben, aber auch eine große Meerforelle zubereiten, für die Sie allerdings etwa die doppelte Menge Fond benötigen.

Die Sauce ist meine schlanke Variation der »Sauce raifort aux noix fraîches« von Escoffier, der sie zu Forelle, Lachs und Saibling empfiehlt. Wenn Sie keine frischen Schälnüsse erhalten können, von deren Kernen sich die bittere Haut leicht abziehen läßt, dann nehmen Sie Pecannüsse. Sie haben keinen Bittergeschmack.

4 küchenfertige Forellen von je etwa 250 g

Für den Fond:
200 g Gräten von mageren Weißfischen
1/2 l Wasser
1/8 l trockener Weißwein
Saft von 1/2 Zitrone
1 Zwiebel, in dünne Ringe geschnitten
1 Karotte, geputzt und in dünne Scheiben geschnitten
1 Stange Staudensellerie, in dünne Scheiben geschnitten
3–4 Dillstengel
1 Lorbeerblatt
1/2 TL Pfefferkörner
1/4 TL Salz

Für die Meerrettich-Nuß-Sauce:
50 g Walnuß- oder Pecannußkerne
4 EL Tafelmeerrettich
150 g cremig gerührter Joghurt
2 TL Zitronensaft
je 1 Prise Salz und Zucker

Für den Fond die Gräten wässern. In einen Topf legen und das Wasser, den Wein und den Zitronensaft zugießen. Die restlichen Zutaten zufügen. Zum Kochen bringen und zugedeckt auf kleiner Flamme 20 Minuten ziehen lassen. Vom Feuer nehmen, abkühlen lassen und anschließend die Flüssigkeit durch ein Sieb abseihen. Einige Karotten- und Staudenselleriescheiben für die Garnitur zurückbehalten.

Die Forellen kalt abspülen, dicht nebeneinander in einen flachen Topf legen und mit dem kalten Fond knapp bedecken. Auf kleiner Flamme zum Kochen bringen. Sofort vom Feuer nehmen und zugedeckt im Fond abkühlen lassen.

Anschließend die Forellen aus dem Fond heben, häuten oder filetieren. In eine flache Servierschüssel legen und mit den zurückbehaltenen Karotten- und Selleriescheiben umstreuen.

Den Fond schnell auf etwa die Hälfte einkochen und abkühlen lassen. Danach die Forellen damit überziehen. Zugedeckt zum Gelieren in den Kühlschrank geben.

Für die Sauce die Nüsse fein hacken und mit dem Meerrettich und dem Joghurt verrühren. Mit Zitronensaft, Salz und etwas Zucker abschmecken. Eventuell mit etwas Milch verdünnen.

Die Sauce getrennt zu den Forellen reichen.

Fleischgerichte

Ein deutlicher Ernährungstrend der letzten Jahre ist die Abkehr vom »roten« Fleisch. Nicht zuletzt haben die vielen Fleischskandale dazu beigetragen. Ernährungsexperten empfehlen, den Verzehr von »rotem« Fleisch auf kleine Mengen und wenige Male im Monat zu beschränken.

Bei Fleisch ist Geflügel allemal die bessere Wahl. Beschränken Sie sich auch hier auf kleine Portionen. Fleisch sollte auf dem Teller nicht die »pièce de résistance« sein, sondern eine würzende Zutat. Die mediterrane und die fernöstliche Küche sind hier beispielhaft.

Seien Sie also nicht erstaunt, wenn die Fleischportionen der folgenden Rezepte knapp bemessen sind.

Kaufen Sie, wenn irgend möglich, frisches Geflügel vom Bauernhof und meiden Sie gefrorenes Geflügel oder Geflügel aus industrieller Aufzucht. Auf den Wochenmärkten gibt es frisches Geflügel. Wenn Sie besonders fettarm essen wollen, entfernen Sie vor der Zubereitung die Haut.

Das zarte weiße Fleisch von Hauskaninchen (das in der französischen Küche unter die Rubrik Geflügel fällt) ist besonders leicht. Nachdem es für die feine Küche wiederentdeckt worden ist, sollte es auch in der häuslichen Küche nicht fehlen.

Poulardenbrüstchen »en papillote«

Auf Papilloten aus Seidenpapier wurden früher Haare zu Locken gewickelt. Als Zubereitungsart bedeutet »en papillote«, daß alle Zutaten in Pergament oder Aluminiumfolie gewickelt und im eigenen Saft schonend im Ofen gegart werden. Öffnen Sie die Päckchen erst bei Tisch, damit nichts vom Aroma verlorengeht, und beträufeln Sie die Brüstchen mit dem Wein, den Sie zum Essen reichen.

4 halbe Poulardenbrüstchen, ausgelöst und gehäutet
4 TL Olivenöl
2 TL fein gehackter frischer Thymian
8 Wirsingblätter
4 kleine Karotten, in streichholzdünne Streifen geschnitten
4 Stangen Staudensellerie, in streichholzdünne Streifen
geschnitten
4 Schalotten, halbiert und in Streifen geschnitten
4 TL Weißwein, etwa Moselriesling
Salz, frisch gemahlener schwarzer Pfeffer

Die Poulardenfilets mit Salz und frisch gemahlenem Pfeffer würzen. Mit Olivenöl beträufeln und mit Thymian bestreuen.

Die dicke Mittelrippe der Wirsingblätter herausschneiden. Die Blätter 3 Minuten in kochendem Salzwasser blanchieren, kalt abschrecken und trockentupfen. Die Karotten-, Sellerie- und Schalottenstreifen vermischen. Leicht salzen und pfeffern.

Auf der Arbeitsfläche 4 große Bögen Aluminiumfolie ausbreiten. Jeweils auf die Mitte 1 großes Wirsingblatt legen und mit der Hälfte der Gemüsestreifen bestreuen. Je 1 Poulardenfilet daraufsetzen, mit den restlichen Gemüsestreifen bestreuen, mit 1 Teelöffel Weißwein beträufeln und mit den restlichen Wirsingblättern bedecken. In die Folie schlagen, zu lockeren Päckchen falten und mit dem Falz nach oben in ein flaches, ofenfestes Geschirr setzen. Im

220° C heißen Ofen etwa 30 Minuten garen. In der Folie servieren. Erst bei Tisch den Falz mit der Schere abschneiden und die Folie auseinanderklappen.

Chicken à la King

Dieses Gericht wurde schon Ende des vergangenen Jahrhunderts im Restaurant Delmonico in New York serviert. Seither ist es ein Klassiker. Ob der Koch so hieß oder ob er es für einen Mr. King kreiert hat, ist nicht bekannt. In jedem Fall scheint der Koch mit der spanischen Küche vertraut gewesen zu sein.

400 g Poulardenfilet
2 EL Olivenöl
2 Schalotten, fein gewürfelt
200 g Champignons, in dünne Scheiben geschnitten
je 1/2 rote und grüne Paprikaschote, in dünne Streifen geschnitten
125 ml Sherry Amontillado
2 EL geschälte Mandeln, hell geröstet
1 TL Speisestärke
4 EL Geflügelfond oder Gemüsebouillon (Rezepte Seiten 60, 61)
1 EL Crème fraîche
3 EL cremig gerührter Joghurt
1 Prise Cayennepfeffer
2 TL fein geschnittene glatte Petersilie
Salz

Das Fleisch in 3 Zentimeter große Würfel schneiden. In einer antihaftbeschichteten Pfanne im heißen Öl von allen Seiten anbräunen. Herausnehmen und bereithalten.

Anschließend die Schalottenwürfel, die Pilze und Paprikastreifen in die Pfanne streuen. Eine Prise Salz zufügen. Unter Rühren dünsten, bis die Schalottenwürfel glasig sind. Mit dem Sherry ablöschen und die Flüssigkeit auf großer Flamme um die Hälfte reduzieren. Die Fleischwürfel und die gerösteten Mandeln unterheben.

Die Speisestärke mit der kalten Bouillon, der Crème fraîche und dem Joghurt verquirlen und in die Pfanne rühren. Mit Cayennepfeffer und Salz abschmecken. Vorsichtig bis zum Siedepunkt erhitzen, aber nicht mehr kochen lassen, sonst gerinnt die Sauce. Zum Schluß die fein geschnittene Petersilie unterheben. Zu Reis, Nudeln oder auf Toast servieren.

Gefüllte Poulardenbrust

Ein festliches Gericht, das einfacher zuzubereiten ist, als Ihre Gäste meinen werden. Nehmen Sie getrocknete Spitzmorcheln dafür. Diese haben eine intensivere Würzkraft als frische Morcheln, die nur im Frühjahr angeboten werden.

2 Poulardenbrüste, ausgelöst und gehäutet
4 lange Lauchblätter, blanchiert
Salz, frisch gemahlener schwarzer Pfeffer

Für die Füllung:
4–6 Spitzmorcheln, je nach Größe
1 TL Butter
2 EL Sherry Amontillado
150 g Lauch (weiße und hellgrüne Abschnitte)
100 g Ricotta

Für die Sauce:
1 große Schalotte, fein gewürfelt
2 TL Olivenöl
4 EL Sherry Amontillado
2 TL fein geschnittener Schnittlauch

Die Poulardenbrüste längs halbieren, so daß man 4 Filets erhält. Die winzigen Filets, die locker an der Unterseite hängen, abschneiden und für die Füllung bereithalten. Die großen Filets längs so durchschneiden, daß sie an der Längsseite zusammenhängen. Auseinanderklappen, vorsichtig zu Rechtecken flachklopfen und mit Salz und frisch gemahlenem Pfeffer würzen.

Für die Füllung die Spitzmorcheln 10 Minuten in einer Tasse heißem Wasser einweichen. Danach ausdrücken und fein zerschneiden. Das Einweichwasser durch ein feines Sieb oder Filterpapier seihen und für die Sauce bereithalten. Den Lauch längs halbieren, gründlich waschen und quer in feine Streifen schneiden.

Die Morcheln in der Butter 5 Minuten auf kleiner Flamme anschwitzen. Die kleinen Filets unterdessen fein würfeln. Danach zu den Morcheln geben und unter Rühren kurz anbraten. Mit dem Sherry ablöschen. Anschließend die Lauchstreifen und 1 Prise Salz zufügen. Unter Rühren dünsten, bis der Lauch weich ist, aber noch Biß hat. Vom Feuer nehmen, abkühlen lassen und mit dem Ricotta vermischen. Die Mischung mit Salz und frisch gemahlenem Pfeffer abschmecken.

Die Filets mit der Mischung bestreichen und aufrollen. Die blanchierten Lauchblätter längs halbieren. Mit diesen Lauchstreifen die Rollen jeweils an 2 Stellen verschnüren. Die Rollen fest in Aluminiumfolie wickeln und über Dampf etwa 20 Minuten garen.

Für die Sauce die Schalottenwürfel im Öl glasig dünsten. Mit dem Sherry ablöschen und das filtrierte Einweichwasser der Morcheln zugießen. Die Flüssigkeit um ein Drittel einkochen lassen. Danach mit dem Pürierstab pürieren. Die Crème fraîche und den Schnittlauch einrühren. Die Sauce mit Salz und Pfeffer abschmecken.

Die gefüllten Poulardenbrüstchen aus der Folie nehmen. Auf vorgewärmten Tellern anrichten und mit der Sauce umgießen.

Zitronen-Hühnchen

Ein Grillgericht, das Sie sowohl in einer Grillpfanne, unter dem Grill oder auf dem »heißen Stein« im Handumdrehen zubereiten können. Statt Zitronenthymian können Sie auch frischen Thymian mit der abgeriebenen Schale einer unbehandelten Zitrone vermischen. Servieren Sie Ciabatta (ein italienisches Weißbrot, das auch bei uns immer mehr Liebhaber findet) und einen kleinen Salat aus Brunnenkresse oder Rauke dazu, den Sie mit einer Zitronen-Vinaigrette anmachen.

2 ganze Poulardenbrüste, ausgelöst und gehäutet
2 Knoblauchzehen, gepreßt
1 EL fein gehackter Zitronenthymian oder
je 2 TL Thymian und abgeriebene Zitronenschale
Saft von 1/2 Zitrone
4 EL Olivenöl
Zitronenachtel als Garnitur
Salz, frisch gemahlener schwarzer Pfeffer

Die Poulardenbrüste längs halbieren, so daß sich 4 Filets ergeben. Die dünne weiße Sehne auf der Unterseite der Filets mit einem kleinen spitzen Messer herausschaben, damit sich die Filets beim Grillen nicht zusammenziehen. Die Filets einzeln zwischen zwei Bögen Frischhaltefolie vorsichtig flachklopfen.

Den durchgepreßten Knoblauch mit fein gehacktem Zitronenthymian, frisch gemahlenem schwarzen Pfeffer sowie dem Zitronensaft und dem Olivenöl vermischen. Die Filets mit dieser Marinade bestreichen und zugedeckt bei Zimmertemperatur mindestens 1 Stunde ruhen lassen.

Anschließend in eine heiße Grillpfanne oder unter einen vorgeheizten Grill legen und von jeder Seite knapp 3 Minuten grillen. Mit etwas Salz bestreuen, mit Zitronenachteln garnieren und servieren.

Tandoori-Hähnchen

Tandoori-Gerichte sind eine Spezialität aus dem Punjab. Sie sind nach dem Lehmofen, dem Tandoor, benannt, in dem sie gegart werden. Heute findet man dieses rotgefärbte, mild gewürzte Hühnergericht überall in indischen Restaurants.

Sie können eine fertige Tandoori-Gewürzpaste verwenden, die in Asiengeschäften erhältlich ist, oder, wie im folgenden Rezept beschrieben, die Gewürze selber mischen. Kreuzkümmel, der auch unter der Bezeichnung »Cumin« angeboten wird, ist nicht mit dem gewöhnlichen Kümmel zu verwechseln. Er hat einen gänzlich anderen Geschmack.

1 bratfertiges Hähnchen von etwa 1,5 kg
Saft von 1 Zitrone
Zitronenscheiben und Koriandergrün als Garnitur

Für die Marinade:
300 g fettarmer Joghurt
2 Knoblauchzehen
1 walnußgroßes Stück Ingwer
1 TL gemahlener Kreuzkümmel
1 TL gemahlener Koriander
1/2 TL Zimt
2 TL mildes Paprikapulver
1 Prise Cayennepfeffer
1/2 TL Salz
1 TL fein geschnittenes Koriandergrün

Das Hähnchen in 8 Teile teilen und die Haut entfernen. Die Flügel abtrennen (und für eine Brühe verwenden). Die Hähnchenteile flachdrücken. Das Fleisch mit einem kleinen spitzen Messer mehrfach einstechen und die Keulen mit flachen Schrägschnitten versehen, damit die Marinade besser eindringen kann. In eine Glasschüssel legen und mit dem Zitronensaft beträufeln.

Die Zutaten für die Marinade im Mixer vermischen. Das Fleisch mit der Marinade übergießen und darin wenden.

Mindestens 4 Stunden bei Zimmertemperatur oder über Nacht im Kühlschrank marinieren. Vor dem Grillen wieder Raumtemperatur annehmen lassen.

Die marinierten Hähnchenteile auf den Rost über die Fettpfanne setzen. Unter dem vorgeheizten Grill etwa 30 Minuten grillen, dabei mehrfach wenden und mit der Marinade bestreichen. In einer flachen Servierschüssel anrichten, mit halbierten Zitronenscheiben umlegen und mit etwas Koriandergrün bestreuen.

Hühnerbrüstchen mit Avocado-Salsa

Diesem Gericht gibt die Avocado-Salsa den besonderen Touch. Sie können es vorbereiten und kalt auf ein sommerliches Picknick nehmen oder bei einem Gartenfest heiß servieren.

2 ganze Hühnerbrüstchen, ausgelöst und gehäutet
2 TL Olivenöl
Salz, frisch gemahlener schwarzer Pfeffer

Für die Salsa:
5 EL Olivenöl
5 EL Limettensaft
1 EL Tomatenketchup
1 TL Tabasco
1 Schalotte, fein gewürfelt
1 Bund Koriandergrün
2 EL kleine Tomatenwürfel
1 reife Avocado
1 EL Vinaigrette (Rezept Seite 180) oder Limettensaft

Die Hühnerbrüstchen längs halbieren, so daß man 4 Filets erhält. Die weiße Sehne von der Unterseite der Filets mit einem kleinen spitzen Messer entfernen. Die Filets leicht salzen und pfeffern.

Eine antihaftbeschichtete Pfanne mit wenig Olivenöl ausstreichen und die Filets einlegen. Auf mittlerer Hitze von jeder Seite 4 Minuten braten. Herausnehmen und fächerförmig in je 3 Streifen schneiden.

Für die Salsa das Olivenöl mit dem Limettensaft, dem Tomatenketchup und Tabasco verquirlen. Mit Salz und Pfeffer abschmecken und die Schalottenwürfel sowie die Hälfte des fein geschnittenen Koriandergrüns unterheben.

Die noch warmen Hühnerfilets mit der Salsa überziehen. Mit Frischhaltefolie abdecken und für mindestens 3 Stunden in den Kühlschrank stellen.

Kurz vor dem Servieren die Avocado halbieren, den Stein auslösen und das Fruchtfleisch würfeln. Die Würfel in der Vinaigrette oder in etwas Limettensaft wenden, damit sie sich nicht verfärben.

Die marinierten Hühnerbrüstchen in einer flachen Servierschüssel anrichten. Mit den Avocado- und Tomatenwürfeln bestreuen und mit dem restlichen Koriandergrün garnieren.

Geflügel-Curry mit Ananaswürfeln

Diesen milden, fruchtigen Curry können Sie gut vorbereiten, da er aufgewärmt fast noch besser schmeckt. Durch das kurze Anbraten bekommen die Fleischwürfel eine kleine Kruste, laugen in der Sauce nicht aus und bleiben saftig.

Kaufen Sie eine extra-süße Ananas oder verwenden Sie eine schwach gesüßte Ananaskonserve. Kokosnußcreme erhalten Sie in Platten von 200 Gramm in den Spezialabteilungen gut sortierter Lebensmittelgeschäfte.

500 g Hühnerfilet
2 EL Mehl
3 EL Olivenöl
4 Kardamomkapseln
2 Nelken
2 Zwiebeln, gewürfelt
1 Knoblauchzehe, gehackt
1 nußgroßes Stück Ingwer, fein gehackt
1 Apfel, geschält und gewürfelt
2 TL mildes Currypulver
1/4 l Geflügelbrühe
50 g Kokosnußcreme, geraspelt
100 g gewürfelte Ananas
1 TL abgeriebene Limettenschale (nach Belieben)
2 TL fein geschnittenes Koriandergrün
Salz

Das Hühnerfilet in 3 Zentimeter große Würfel schneiden, salzen, pfeffern und mit Mehl bestäuben. Das Öl in einem gußeisernen Schmortopf erhitzen. Darin die Würfel von allen Seiten schnell anbräunen. Mit einem Sieblöffel herausnehmen und bereithalten.

Die Kardamomkapseln, die Nelken, die Zwiebel- und Apfelwürfel, den Knoblauch und den Ingwer in den Topf geben und unter ständigem Rühren kurz andünsten. Jetzt das Currypulver sowie

1 Prise Salz einrühren und die Geflügelbrühe angießen. Zum Kochen bringen und auf kleiner Flamme kochen lassen, bis die Apfelwürfel zermusen. Mit dem Pürierstab oder im Mixer pürieren. Durch ein Sieb zurück in den Topf passieren.

Die geraspelte Kokosnußcreme in die Sauce rühren und nach Belieben etwas abgeriebene Limettenschale zufügen. Die Fleisch- und die Ananaswürfel einlegen. Die Sauce eventuell mit etwas Brühe oder Ananassaft verdünnen. Den Curry abschmecken und das Koriandergrün unterheben. Zugedeckt auf kleiner Flamme 20 Minuten ziehen lassen. Zu Reis servieren.

Geflügel-Spießchen mit Erdnußsauce

Dies ist ein Sateh-Gericht der indonesischen Reistafel. Das Hühnerfilet wird dabei nicht in Würfel, sondern in dünne Längsstreifen geschnitten. Die Fleischstreifen werden längs gerafft und auf Holzspieße gesteckt. Die Holzspieße müssen vorher eine Zeitlang in kaltes Wasser gelegt werden, damit sie sich vollsaugen und auf dem Grill nicht verbrennen.

Kokosnußcreme (Creamed Coconut) ist in Platten von 200 Gramm in gut sortierten Geschäften oder in den Spezialabteilungen von Supermärkten erhältlich.

Für 6 Portionen:
3 Poulardenbrüste, ausgelöst und gehäutet
1 EL geraspelte Kokosnußcreme
4 EL heißes Wasser
2 Knoblauchzehen, durchgepreßt
1 nußgroßes Stück Ingwer, fein gehackt
2 TL gemahlener Koriander
1 TL brauner Zucker
1 Spritzer Tabasco
1 EL helle Sojasauce
Salz

Für die Erdnußsauce:
125 g geröstete Erdnüsse
4 gehäufte EL geraspelte Kokosnußcreme
1/4 l heißes Wasser
2 TL Sambal Oelek (eine fast überall erhältliche indonesische Würzpaste)
1 EL brauner Zucker
1 EL helle Sojasauce
1 EL Limettensaft

Die Hühnerbrüste in Längsstreifen schneiden und in einer flachen Schüssel ausbreiten.

Die geraspelte Kokosnußcreme in 4 Eßlöffel heißem Wasser auflösen. Anschließend mit dem Knoblauch, dem Ingwer, dem gemahlenen Koriander, dem Zucker sowie der Tabasco- und Sojasauce verrühren. Die Marinade mit etwas Salz abschmecken.

Das Fleisch mit der Marinade übergießen und darin wenden. Zugedeckt 2 bis 3 Stunden in den Kühlschrank stellen. Danach auf die zuvor in Wasser eingeweichten Holzspießchen ziehen. Unter dem Grill im Ofen oder auf einem Grill etwa 5 Minuten grillen, dabei mehrmals wenden.

Für die Erdnußsauce die gerösteten Erdnüsse im Mixer fein zerkleinern. Mit der im heißen Wasser aufgelösten Kokosnußcreme, Sambal Oelek und braunem Zucker vermischen. Mit Sojasauce und Limettensaft abschmecken.

Die Fleischspießchen mit der Erdnußsauce überziehen und servieren.

Geflügelleber auf venezianische Art

500 g Geflügelleber
Mehl zum Bestäuben
2 EL Olivenöl
4 Zwiebeln, in dünne Ringe geschnitten
4 EL Weißwein
2 TL Zitronensaft
2 EL fein geschnittene glatte Petersilie
Salz, frisch gemahlener schwarzer Pfeffer

Die Geflügelleber putzen, in mundgerechte Stücke schneiden und unmittelbar vor dem Braten mit Mehl bestäuben.

In einer Kasserolle 1 Eßlöffel Öl erhitzen, die Zwiebelringe einstreuen, leicht salzen und zugedeckt auf kleiner Flamme 2 bis 3 Minuten dünsten. Danach den Wein einrühren und die Zwiebeln in etwa 5 Minuten weichdünsten.

Das restliche Öl in einer antihaftbeschichteten Pfanne erhitzen und darin die Leberstücke schnell von allen Seiten anbräunen. Die Zwiebeln zufügen und mit den Leberstücken vermischen. Mit Salz und Pfeffer würzen und auf kleinster Flamme einige Minuten ziehen lassen. Zuletzt die fein geschnittene Petersilie unterheben. Zu Bandnudeln und grünem Salat servieren.

Geflügelleber auf thailändische Art

Frische Shiitake-Pilze sind seit einiger Zeit auch bei uns im Handel. Sie haben ein gutes Aroma und sind sehr ergiebig, da sie wenig wasserhaltig sind. Man kann sie durch die doppelte Menge brauner Champignons ersetzen.

In der thailändischen Küche ist Fischsauce eine häufig verwendete Würzsauce. Sie wird zwar aus Fischen hergestellt, gibt aber den Speisen keine »fischige« Note. Auch in der europäischen Küche würzt man bestimmte Fleischgerichte mit Sardellenpaste oder -essenz, die als Ersatz genommen werden kann. Sie erhalten die Fischsauce in den Spezialabteilungen gut sortierter Supermärkte.

400 g Geflügelleber, geputzt
100 g Shiitake-Pilze oder 200 g braune Champignons
50 g Bohnensprossen
4 Frühlingszwiebeln
2 EL Öl
1 Knoblauchzehe, fein gehackt
1 rote Chilischote, entkernt und fein gehackt
2 EL Fischsauce
1 EL Limettensaft
1 Prise brauner Rohrzucker
Salz

Die geputzte Leber abspülen, trockentupfen und in mundgerechte Stücke schneiden. Die Stiele der Shiitake-Pilze abdrehen. Die Kappen in Streifen schneiden. Die Bohnensprossen mit kochendem Wasser überbrühen, kalt abschrecken und abtropfen lassen. Die Frühlingszwiebeln putzen und in 3 Zentimeter lange Abschnitte schneiden.

Das Öl im Wok erhitzen. Den Knoblauch und den Chili einstreuen und kurz pfannenrühren. Die Leber zufügen, von allen Seiten anbräunen, so daß sie im Inneren noch rosa ist, und aus dem Wok heben. Die Pilzstreifen sowie die weißen Abschnitte der Frühlingszwiebeln in den Wok schütten und weichgaren.

Die Leber zurück in den Wok geben und die Bohnensprossen unterheben. Mit der Fischsauce und dem Limettensaft beträufeln sowie mit etwas Zucker und Salz abschmecken. Eine weitere Minute pfannenrühren, mit den grünen Abschnitten der Frühlingszwiebeln bestreuen und servieren.

Putenschnitzel in Madeira-Sauce

Servieren Sie zu diesen Putenschnitzeln einen Salat aus in Streifen geschnittenem Chicorée und Orangenspalten, den Sie mit einer Joghurtsauce binden.

4 Putenbrustschnitzel von je etwa 150 g
2 EL Mehl
2 EL Olivenöl
1 EL Cognac
4 EL Madeira
Saft von 1/2 Orange
1 EL in feine Streifen geschnittene Orangenschale
1 TL kalte Butter
1 EL fein geschnittener Schnittlauch
Salz, frisch gemahlener schwarzer Pfeffer

Die Schnitzel flachdrücken. Das Mehl mit je einer Prise Salz und frisch gemahlenem Pfeffer vermischen. Die Schnitzel darin wenden und überschüssiges Mehl abschütteln.

Das Öl erhitzen und die Schnitzel darin von beiden Seiten nur je 2 Minuten anbraten, damit sie schön saftig bleiben. Mit dem Cognac beträufeln und flambieren. Mit Madeira und Orangensaft ablöschen, herausnehmen und warmhalten.

Die zuvor blanchierten Orangenschalenstreifen in die Sauce rühren. Die Sauce über starker Hitze 1 bis 2 Minuten einkochen lassen. Mit etwas Salz und Pfeffer abschmecken. Abseits der Hitze die kalte Butter mit einem Rührbesen einschwingen. Die Schnitzel mit der Sauce überziehen und mit dem Schnittlauch bestreuen.

Putenschnitzel in der Kräuterkruste

Mischen Sie die Panade aus Brot, Parmesan und Kräutern in der Küchenmaschine oder im Universalzerkleinerer, damit sie schön gleichmäßig wird. Sie können sie abwandeln, indem Sie statt der Kräuter blanchierte Mandeln verwenden. Der kleine »Stich Butter« wird nicht als Bratfett, sondern nur als Geschmacksgeber zugefügt.

4 Putenschnitzel von je etwa 125 g
Saft von 1/2 Zitrone
2 entrindete Scheiben Weißbrot vom Vortag
2 EL grob zerschnittene Petersilie
4 EL frisch geriebener Parmesan
1 Ei
2 EL Olivenöl
1 TL Butter
Salz, frisch gemahlener schwarzer Pfeffer

Die Schnitzel zwischen zwei Lagen Frischhaltefolie flachklopfen. Mit etwas Zitronensaft beträufeln und mit Salz und Pfeffer würzen.

Für die Panade das Brot zusammen mit der Petersilie in der Küchenmaschine zu feinen Bröseln zerkleinern. Zuletzt den Parmesan kurz untermischen.

Das Ei verquirlen. Die Schnitzel zuerst im verquirlten Ei, danach in der Panade wenden. Die Panade mit der flachen Hand leicht anpressen.

Das Öl zusammen mit der Butter in einer antihaftbeschichteten Pfanne auf mittlerer Flamme erhitzen. Die Schnitzel hineinlegen und von jeder Seite 3 Minuten braten. Eine Tomatensauce dazu servieren.

Putenbruststreifen in Chili-Mandarinen-Sauce

Ein typisches Gericht aus der Szetschuan-Küche, die für ihre feurig-aromatischen Speisen berühmt ist.

500 g Putenbrust, in 1 cm dicke Streifen geschnitten
4 EL Speisestärke
1 Ei, verquirlt
3 EL Olivenöl
1 walnußgroßes Stück Ingwer, in dünne Streifen geschnitten
2 Karotten, geputzt und in dünne Scheiben geschnitten
4 Stangen Staudensellerie, in dünne Scheiben geschnitten
4 Frühlingszwiebeln, in 1 cm lange Abschnitte geschnitten
Salz

Für die Sauce:
2 EL Sojasauce
2 EL Sherry Amontillado
2 TL Worcestersauce
Saft von 2 Mandarinen
1 kleine rote Chilischote, entkernt und fein gehackt

Die Fleischstreifen mit Salz bestreuen. Die Speisestärke mit dem Ei verquirlen und darin die Fleischstreifen wenden. Für die Sauce alle Zutaten in einem Schälchen verrühren.

Das Öl im Wok erhitzen. Die Fleischstreifen portionsweise im heißen Öl etwa 3 Minuten über mittlerer Hitze pfannenrühren. Herausheben und warmhalten.

Danach die Ingwerstreifen, die Karotten- und Selleriescheiben einstreuen. Einige Minuten unter ständigem Rühren dünsten. Die angerührte Sauce hineingießen und unter Rühren zum Kochen bringen. Die Fleischstreifen wieder in den Wok geben und in der Sauce erhitzen. Zum Schluß die Frühlingszwiebeln unterheben. Sofort servieren.

Putenfilet mit Pesto-Mayonnaise und gerösteten Pinienkernen

Für eine kleine Sommerparty ist dieses Gericht gedacht, das man ausgezeichnet vorbereiten kann. Allerdings sollte das Fleisch erst kurz vor dem Servieren mit der Pesto-Mayonnaise überzogen werden.

Für 6 Portionen:
600 g Putenbrustfilet
2 EL Mehl
2 EL Öl
2 Schalotten, grob gewürfelt
1 Prise Paprika
Salz, frisch gemahlener schwarzer Pfeffer

Für die Pesto-Mayonnaise:
200 g junge Spinatblätter, entstielt
2 große Knoblauchzehen, geschält
1 EL Olivenöl
1 kleines Bund Basilikum
2 El geriebener Parmesan
4 EL Pinienkerne
250 ml Tofu-Mayonnaise (Rezept Seite 179)

Das Putenbrustfilet in mit Paprika, Salz und Pfeffer gewürztem Mehl wenden. Im heißen Öl von beiden Seiten anbräunen. Mit den

Schalottenwürfeln umstreuen und das Fleisch unter mehrmaligem Wenden 25 Minuten braten. Herausnehmen, in Alufolie wickeln und abkühlen lassen. Danach in dünne Scheiben schneiden und auf einer Servierplatte anrichten.

Für die Pesto-Mayonnaise die Spinatblätter in kochendem Salzwasser blanchieren, kalt abschrecken und abtropfen lassen. Die Knoblauchzehen blättrig schneiden, in einer kleinen Pfanne über milder Hitze im Olivenöl glasig dünsten und abkühlen lassen. Im Mixer die blanchierten Spinatblätter zusammen mit den abgezupften, gewaschenen Basilikumblättern und etwa 3 Eßlöffeln Wasser pürieren. Den Knoblauch samt dem Öl aus der Pfanne sowie den geriebenen Parmesan einmixen. Das Püree mit der Tofu-Mayonnaise verrühren.

Die Pinienkerne in einer trockenen Pfanne hell anrösten. Dabei ständig rühren, damit sie nicht zu dunkel werden.

Die Fleischscheiben mit der Pesto-Mayonnaise überziehen und mit den gerösteten Pinienkernen bestreuen.

Bitki in roter Paprikasauce

Bitki sind russische Fleischklößchen. Sie werden angebraten und in einer Sauce fertig gegart. Sie können dafür das ausgelöste Fleisch von Hühnerkeulen oder Putenbrust nehmen.

500 g schieres Geflügelfleisch
2 Scheiben Kastenweißbrot
1/8 l heiße Milch zum Einweichen
1 Ei
1 Knoblauchzehe, fein gehackt
1 EL fein geschnittene glatte Petersilie
2 EL Olivenöl
Salz, frisch gemahlener schwarzer Pfeffer

Für die Sauce:
2 rote Paprikaschoten
1/2 rote Chilischote (nach Belieben mehr)
1 große Fleischtomate
1 EL Olivenöl
1 Zwiebel, gewürfelt
1 Knoblauchzehe, fein gehackt
1 EL Rotweinessig
2 TL Apfeldicksaft
Salz, frisch gemahlener schwarzer Pfeffer

Für die Sauce die Paprikaschoten halbieren, vom Samenstand befreien und das Fruchtfleisch würfeln. Die Chilischote längs aufschlitzen, die Kerne ausschaben und das Fruchtfleisch fein hacken. Die Tomate blanchieren, kalt abschrecken, schälen, quer halbieren und die Kerne ausdrücken.

Das Olivenöl über mittlerer Flamme erhitzen. Darin die Zwiebelwürfel und den Knoblauch glasig dünsten. Die Paprika-, Chili- und Tomatenwürfel zufügen und unter Rühren weichdünsten. Abkühlen lassen und im Mixer pürieren. Dabei den Rotweinessig und den Apfeldicksaft zufügen. Die Sauce mit Salz und frisch gemahlenem Pfeffer abschmecken.

Für die Bitki das Geflügelfleisch in der Küchenmaschine oder portionsweise im Universalzerkleinerer fein hacken, jedoch nicht zermusen. Herausnehmen und in eine Schüssel geben. Das Weißbrot würfeln, in der heißen Milch einweichen und ausdrücken. Das Ei zusammen mit dem ausgedrückten Weißbrot, der fein gehackten Knoblauchzehe und der fein geschnittenen Petersilie zum Fleisch geben. Alles gut miteinander verkneten und mit Salz und frisch gemahlenem Pfeffer abschmecken.

Mit angefeuchteten Händen aus der Masse kleine Fleischbällchen formen. In einer antihaftbeschichteten Pfanne im heißen Öl von allen Seiten schnell anbräunen.

Mit der Sauce überziehen und auf kleiner Flamme einige Minuten ziehen lassen.

Cassoulet

Das Cassoulet ist ein Eintopfgericht aus dem Languedoc. Es ist benannt nach der »Cassole«, dem Tongeschirr, in dem es im Bäckerofen zubereitet wurde. Es besteht aus Bohnen, Würzkräutern, verschiedenerlei fettem Fleisch, Wurst und Gänseschmalz. Dies ist eine leichtere, aber ebenso gut schmeckende Version.

Für 4-6 Portionen:
4 Entenkeulen
2 EL Rotwein
1 Zwiebel, gewürfelt
2 Knoblauchzehen, gehackt
2 Karotten, gewürfelt
2 Stangen Staudensellerie, in Scheiben geschnitten
4 Tomaten, geschält und gewürfelt
2 Lorbeerblätter
1 TL fein gehackter Thymian
2 Dosen Flageolet- oder weiße Bohnen (Abtropfgewicht 450 g)
2 EL fein geschnittene Petersilie
3 EL frische Weißbrotkrumen
Salz, frisch gemahlener schwarzer Pfeffer

Die Entenkeulen längs einschneiden und vom Knochen lösen. Das Fleisch quer in je 3 Teile schneiden, salzen und pfeffern. Mit der Hautseite nach unten in einen gußeisernen Schmortopf legen und über starker Hitze etwa 3 Minuten anbraten. Wenden und nochmals 3 Minuten braten. Das ausgetretene Fett abgießen und die Hitze reduzieren. Den Bratensatz mit 2 Eßlöffeln Rotwein ablöschen.

Die Zwiebelwürfel einrühren und glasig dünsten. Anschließend das restliche Würzgemüse, die Lorbeerblätter und den Thymian einstreuen.

Die Bohnen aus der Dose auf ein Sieb schütten, kalt abspülen, abtropfen lassen und unterheben. Mit Salz und Pfeffer würzen und im geschlossenen Topf etwa 45 Minuten auf kleiner Flamme schmoren. Danach abschmecken und die fein geschnittene Petersilie unterheben.

Das Cassoulet mit den Brotkrumen bestreuen und unter den heißen Grill geben, bis die Brotkrumen leicht gebräunt sind. Im Topf auftragen.

Geschmorte Kaninchenkeulen mit Oliven

In der französischen Küche zählt man Kaninchengerichte zu den Geflügelgerichten – nicht nur, weil Kaninchen gewöhnlich neben dem Hühnerhof gehalten werden, sondern weil das zarte helle Kaninchenfleisch in seiner Konsistenz und Brateigenschaft dem Geflügelfleisch sehr ähnlich ist. Bei uns war Kaninchenfleisch lange Zeit verpönt. Nachdem es Starköche für sich entdeckt haben, wird es beliebter, und es wird auch in guter Qualität im Handel angeboten.

Denken Sie daran, daß Kaninchenfleisch schneller als Hühnerfleisch gart. Machen Sie eine Garprobe: Wenn beim Einstechen mit einem spitzen Messer klarer Fleischsaft austritt, ist das Fleisch gar.

4 große Kaninchenkeulen
2 EL Mehl
3 EL Olivenöl
1 Zwiebel, fein gewürfelt
1 Knoblauchzehe, gehackt
2 Karotten, gewürfelt
2 Stangen Staudensellerie, in Scheiben geschnitten
1 Fenchelknolle, geputzt und in Streifen geschnitten
1 Lorbeerblatt
1/2 TL getrockneter Thymian
1/8 l trockener Weißwein
1/8 l Hühnerbrühe

Saft von 1/2 Zitrone
1 Handvoll grüner Oliven (möglichst aus der Provence)
Salz, frisch gemahlener schwarzer Pfeffer

Die Kaninchenkeulen mit Salz und Pfeffer würzen und mit Mehl bestäuben.

Das Öl in einem gußeisernen Schmortopf auf großer Flamme erhitzen. Die Kaninchenkeulen einlegen und anbräunen. Über reduzierter Hitze etwa 15 Minuten braten, dabei mehrmals wenden. Herausheben und mit Aluminiumfolie zugedeckt warmhalten.

Das Würzgemüse in den Topf geben und unter Rühren dünsten, bis die Zwiebelwürfel glasig sind. Den Thymian und das Lorbeerblatt einlegen. Den Wein zugießen und rasch einkochen lassen. Anschließend die Brühe zufügen, zum Kochen bringen und die Hitze wieder reduzieren. Mit Zitronensaft, Salz und Pfeffer abschmecken.

Die entsteinten Oliven unterheben und die Kaninchenkeulen wieder einlegen. Zugedeckt auf kleinster Flamme einige Minuten ziehen lassen.

Das Gericht kann auch kalt serviert werden, da es weder Butter noch Sahne enthält.

Gemüsegerichte

Wo Gemüse den Hauptbestandteil der täglichen Ernährung ausmacht, wie in der Mittelmeerküche und in der fernöstlichen Küche, ist man in der Regel gesünder und auch lebensfroher. Bei uns nimmt der Gemüseverbrauch zu, aber er ist noch immer weit geringer als in südlichen Ländern.

Kaufen Sie Saisongemüse, und kaufen Sie es möglichst aus der nahen Umgebung. Auf Bauern- und Wochenmärkten wird von Erzeugern zunehmend frisches Gemüse angeboten, das keinen langen Transport hinter sich hat.

Verbrauchen Sie Gemüse schnell; bei längerem Lagern verliert es Ansehnlichkeit und Vitamine.

Außerhalb der Saison kann man auf tiefgekühltes Gemüse zurückgreifen, das meist kurz nach der Ernte schockgefrostet wurde. Zarte grüne Erbsen sind selbst im Frühsommer kaum erhältlich; ich verwende daher häufig Tiefkühlware. Hülsenfrüchte wie Bohnen und Kichererbsen gibt es gut und preiswert als Konserven; diese ersparen das langwierige Einweichen und Garen getrockneter Hülsenfrüchte.

Gemüse muß schnell und schonend gegart werden. Es sollte gedämpft, in wenig Fett und Flüssigkeit gedünstet oder im Wok pfannengerührt werden. Appetitlich und fettsparend läßt sich Gemüse in der Mikrowelle zubereiten oder, neuerdings, in Dampfgargeräten.

Neue Kartoffeln in warmer Kräuter-Marinade

Kartoffeln machen keineswegs dick, wie oft angenommen wird, sondern angenehm satt. Sie sind eines unserer wichtigsten und gesündesten Grundnahrungsmittel. Die neue Generation der Köche greift gern auf alte bäuerliche Rezepte zurück und wandelt sie phantasievoll und modern ab.

Das folgende Gericht mit südländischem Flair habe ich nicht in der Toskana, sondern in Dublin gegessen und zu Hause schon mehrfach nachgekocht. Verwenden Sie dafür die kleinste, als Drillinge bezeichnete Kartoffelsortierung und die milden schwarzen Kalamata-Oliven. Sie sind in den Spezialabteilungen der Supermärkte oder in griechischen Läden erhältlich.

500 g neue kleine Kartoffeln
3 EL Olivenöl
2 Schalotten, fein gewürfelt
2 TL fein gehackter frischer Thymian
1/2 TL fein gehackter frischer Rosmarin
1 TL abgeriebene Zitronenschale von einer unbehandelten Frucht
Saft von 1 Zitrone
1–2 Fleischtomaten, geschält, entkernt und klein gewürfelt
einige schwarze Oliven
Salz, frisch gemahlener schwarzer Pfeffer

Die Kartoffeln waschen, ungeschält weichgaren, handwarm abkühlen lassen und pellen.

Während die Kartoffeln garen, das Öl in einer Kasserolle erhitzen und darin die Schalottenwürfel auf kleiner Flamme glasig dünsten. Die fein gehackten Kräuter, die Zitronenschale und den Zitronensaft zufügen und die Tomatenwürfel einstreuen. Etwa 2 Minuten ziehen lassen, bis die Tomatenwürfel warm sind.

In einer Schüssel die Kartoffeln mit der warmen Marinade vermischen und leicht zerdrücken. Mit Salz und frisch gemahlenem Pfeffer abschmecken. Die Kalamata-Oliven unterheben oder darüberstreuen. Warm oder kalt servieren.

Dalmatinisches Mangold-Kartoffel-Gemüse

Das rustikale Gericht ist ein Souvenir von der dalmatinischen Küste. Es besticht durch seine Schlichtheit. Man ißt es dort als vegetarisches Gericht oder als Beilage zu Fisch.

500 g mehligkochende Kartoffeln
500 g Mangold
3 EL Olivenöl
4 Knoblauchzehen, gehackt
Salz, frisch gemahlener schwarzer Pfeffer

Die Kartoffeln schälen und in große Würfel schneiden. In einen Topf geben und mit Wasser knapp bedecken. Eine Prise Salz zufügen und zum Kochen bringen. Auf kleiner Flamme weichgaren.

Unterdessen die Mangoldblätter quer in 2 Zentimeter breite Streifen, die Stiele in dünne Scheibchen schneiden.

Das Olivenöl in einem gußeisernen Schmortopf erhitzen und den gehackten Knoblauch darin anschwitzen. Die Mangoldstiele einstreuen und auf kleiner Flamme etwa 5 Minuten dünsten. Anschließend die Blattstreifen zufügen und unter Rühren weichdünsten.

Die gegarten Kartoffelwürfel mit einem Sieblöffel herausheben und im Schmortopf mit dem Mangold vermischen. Mit einem Holzlöffel die Kartoffeln grob zerdrücken, so daß ein stückiger Brei entsteht. Dabei eventuell etwas Kartoffelwasser zufügen. Mit Salz und frisch gemahlenem schwarzen Pfeffer abschmecken.

Kartoffelbrei mit Pesto und gerösteten Kürbiskernen

Ein Kartoffelbrei soll locker und cremig sein. Das erfordert Handarbeit. Im Mixer oder mit dem Pürierstab zubereitet, wird er zäh und klebrig. Man braucht also die gute alte Kartoffelpresse. Statt mit Butter ist dieser Brei mit Pesto verfeinert. Sie werden sehen, daß Pesto nicht nur zu Pasta schmeckt. Verzichten Sie nicht auf die gesunden Kürbiskerne – sie geben dem Brei eine interessante Note.

750 g mehligkochende Kartoffeln, geschält
1/4 l fettarme Milch
2 EL Kürbiskerne
Salz, frisch gemahlener Pfeffer

Für das Pesto:
5 EL grob zerschnittenes Basilikum
4 EL grob zerschnittene glatte Petersilie
2 Knoblauchzehen, grob gehackt
1–2 EL Cashewnüsse oder Pinienkerne
3 EL frisch geriebener Pecorino-Käse
4 EL Olivenöl

Die Kartoffeln in leicht gesalzenem Wasser weichgaren. Das Kochwasser abschütten. Etwas Kochwasser zum Verdünnen des Pesto zurückbehalten. Die Kartoffeln trocken dämpfen und durch die Kartoffelpresse treiben. Die Milch erhitzen und mit einem Kochlöffel in die heiße Kartoffelmasse rühren, so daß ein lockeres Püree entsteht. Mit Salz und Pfeffer abschmecken.

Die Kürbiskerne in einer Pfanne ohne Fett leicht rösten und unter das Püree heben.

Während die Kartoffeln kochen, das Pesto zubereiten. Dafür die Kräuter mit dem Knoblauch und den Nüssen im Mörser zerstampfen. Wenn sie im Universalzerkleinerer püriert werden, muß man etwas Flüssigkeit zufügen. Den geriebenen Käse und das

Öl einarbeiten. Mit wenig Salz abschmecken, da der Käse bereits salzig ist.

Mit einem Rührbesen das Pesto in den Kartoffelbrei rühren, so daß er schön marmoriert ist.

Bombay-Kartoffeln

Seitdem in Israel und seit neuestem selbst in Italien Süßkartoffeln angebaut werden, findet man sie auch bei uns in den Geschäften. Für dieses mild-aromatische Gericht sollten Sie die gelbfleischigen länglichen Knollen verwenden, die mehr Beta-Karotin als die weißfleischigen enthalten.

Servieren Sie es zum Tandoori-Hähnchen (Rezept Seite 107) oder – als vegetarisches Gericht – zu Reis.

4 nicht zu große Süßkartoffeln (etwa 600 g)
4 EL Olivenöl
1 TL Kreuzkümmelsamen
4 EL Cashewnüsse
je 1 Prise gemahlener Kardamom und Zimt
1 EL fein geschnittene Minze oder Koriandergrün
Salz

Die Süßkartoffeln, die möglichst gleich dick sein sollten, waschen und in kochendem Wasser oder über Dampf etwa 15 Minuten vorgaren. Handwarm abkühlen lassen, schälen und in gleichmäßige Scheiben schneiden.

Das Öl in einer antihaftbeschichteten Pfanne erhitzen. Die Kreuzkümmelsamen sowie die Cashewkerne einstreuen und kurz anrösten. Die Süßkartoffelscheiben zufügen und mit Kardamom, Zimt und Salz würzen. Unter vorsichtigem Wenden weichgaren. Zuletzt die fein geschnittene Minze oder das Koriandergrün unterheben.

Auberginen-Pilz-Gratin

Statt Steinpilzen eignen sich auch Egerlinge oder Austernpilze für dieses Gericht. Sie können dann einige getrocknete und in lauwarmem Wasser eingeweichte Steinpilze zufügen. Verwenden Sie das Einweichwasser der Pilze für die Sauce und garen Sie die Auberginenscheiben in der Mikrowelle vor, damit sie nicht zu viel Öl schlucken.

2 Auberginen
2 EL Olivenöl
1 Knoblauchzehe, fein gehackt
500 g Steinpilze, geputzt
1 kleines Bund glatte Petersilie, fein geschnitten
2 Schalotten, fein gewürfelt
2 EL Mehl
1/2 Gemüsebouillonwürfel
1/4 l fettarme Milch
4 EL frisch geriebener Emmentaler oder Pecorino
2 EL Pinienkerne (nach Belieben)
Salz, frisch gemahlener Pfeffer

Den Stielansatz der Auberginen entfernen. Die ungeschälten Auberginen längs in 1/2 Zentimeter dicke Scheiben schneiden. Mit Salz bestreuen und etwa 10 Minuten Saft ausschwitzen lassen. Abspülen, mit Küchenpapier trockentupfen und in einer flachen Form zugedeckt 3 Minuten in der Mikrowelle vorgaren.

In einer antihaftbeschichteten Pfanne den Knoblauch in 1 Eßlöffel Olivenöl anschwitzen. Die Auberginenscheiben in Mehl wenden und den Überschuß abschütteln. Portionsweise in die Pfanne geben, von beiden Seiten kurz anbraten und mit etwas Salz und frisch gemahlenem Pfeffer würzen. Danach sich überlappend in eine leicht mit Olivenöl ausgestrichene Gratinform legen.

Inzwischen die Pilze in dünne Scheiben schneiden. In die Pfanne geben. Leicht salzen, pfeffern und unter Rühren weichbraten. Die fein geschnittene Petersilie unterheben.

Die gebratenen Pilze über die Auberginenscheiben in die Form schichten.

Die Schalottenwürfel im restlichen Öl glasig dünsten. Den halben Gemüsebouillonwürfel zerdrücken und einrühren Das Mehl anstäuben und unter Rühren hell anschwitzen. Mit der kalten Milch ablöschen und weiterrühren, bis die Sauce bindet. Mit frisch gemahlenem Pfeffer und wenig Salz abschmecken. Vom Feuer nehmen und den Käse einrühren.

Die Pilze mit der Käsesauce überziehen. Nach Belieben mit den Pinienkernen bestreuen. Unter dem heißen Grill kurz überbacken.

Gebackene Zucchini mit Gremolata

Sie können die Zucchini in der Mikrowelle vorgaren. Die Garzeit verkürzt sich dabei um weit mehr als die Hälfte. Gremolata ist eine italienische Würzmischung aus Zitronenschale, Knoblauch und Petersilie für Schmorgerichte wie Osso Buco. Sie eignet sich aber auch ausgezeichnet für Gemüse. Auf die gleiche Art können Sie in dicke Scheiben geschnittene Auberginen zubereiten.

4 kleine Zucchini von insgesamt 500 g
Saft und abgeriebene Schale von 1 unbehandelten Zitrone
2 Knoblauchzehen, fein gehackt
2 EL frische Weißbrotkrumen
2 EL glatte Petersilie
1/2 TL frischer Thymian (nach Belieben)
2 EL Olivenöl
Salz, frisch gemahlener schwarzer Pfeffer

Die Zucchini waschen, vom Stielansatz befreien und schälen. Längs halbieren und die Hälften in 1/2 Zentimeter dicke Scheiben schneiden. Leicht salzen, pfeffern und in einer Schicht sich überlappend in eine mit etwas Olivenöl ausgestrichene Gratinform legen. Zugedeckt in der Mikrowelle 3 Minuten oder im 180° C heißen Ofen etwa 10 Minuten garen.

Für die Gremolata den gehackten Knoblauch mit den Weißbrotkrumen, der fein geschnittenen Petersilie und nach Belieben noch mit fein gehacktem Thymian vermischen.

Die vorgegarten Zucchinischeiben mit dieser Mischung bestreuen und mit Olivenöl beträufeln. Unter den heißen Grill setzen, bis die Brotkrumen leicht gebräunt sind.

Sizilianisches Auberginenragout »Caponata«

Sie können dieses Ragout heiß zu Reis oder Nudeln, aber auch kalt als kleinen sommerlichen Imbiß servieren. Ich mische dann noch eine Handvoll Rosinen unter die Caponata und streue geröstete Pinienkerne darüber. Wenn Sie es scharf mögen, können Sie eine gehackte Chilischote zufügen.

1 große Aubergine
je 1 rote, gelbe und grüne Paprikaschote
1 Gemüsezwiebel
2 Fleischtomaten
4 EL Olivenöl
2 Knoblauchzehen, fein gehackt
2 Sardellenfilets in Öl
2 Lorbeerblätter
je 1 Prise Thymian und Oregano
1 Gläschen Kapern in Essig (etwa 2 EL)
1 Handvoll entsteinte schwarze Oliven
Salz, frisch gemahlener schwarzer Pfeffer

Die Aubergine vom Stielansatz befreien, längs halbieren und in 1 Zentimeter dicke Scheiben schneiden. In ein Abtropfsieb geben, mit Salz bestreuen und Saft ziehen lassen. Danach kalt abspülen und abtropfen lassen. Nach Möglichkeit im Mikrowellenherd 3 Minuten zugedeckt vorgaren.

Die Paprikaschoten von Stielansatz und Samenstand befreien, halbieren und in dünne Streifen schneiden. Die geschälte Zwiebel halbieren und in Streifen schneiden. Die Tomaten halbieren und in Schnitze schneiden.

Das Öl in einem Schmortopf erhitzen. Die Zwiebelstreifen und den gehackten Knoblauch einstreuen und glasig dünsten. Die Sardellenfilets zufügen und mit dem Kochlöffel zerdrücken. Die Lorbeerblätter, den Thymian und den Oregano einrühren. Paprikastreifen zufügen und einige Minuten dünsten.

Anschließend die vorgegarten Auberginenscheiben und die Tomatenschnitze unterheben. Im geschlossenen Topf auf kleiner Flamme etwa 20 Minuten schmoren. Das Gemüse sollte nicht zermusen. Mit wenig Salz (die Sardellen sind bereits salzig) und frisch gemahlenem Pfeffer abschmecken. Die Kapern und etwas von ihrer Marinade sowie die Oliven einrühren. Noch einige Minuten auf kleinster Flamme ziehen lassen.

Das Ragout läßt sich ausgezeichnet aufwärmen.

Pastinakpüree mit Safran

Schon Kaiser Tiberius ließ sich Pastinaken vom Rhein nach Rom bringen. Die Wurzeln sind ein Wintergemüse. Sie werden wieder häufiger auf unseren Wochenmärkten angeboten. Ihr aparter Geschmack ähnelt dem von Karotten und Petersilienwurzeln, die Sie notfalls als Ersatz verwenden können.

750 g Pastinakwurzeln, geschält und gewürfelt
1 Briefchen Safran (etwa 12 Fäden)
1/8 l fettarme Milch
2 EL frisch geriebener Parmesan oder Pecorino
1 TL fein geschnittene Petersilie als Garnitur
Salz, frisch gemahlener Pfeffer

Die Pastinakwürfel in leicht gesalzenem Wasser knapp bedeckt oder über Dampf in etwa 20 Minuten weichgaren.

Inzwischen den Safran in der heißen Milch einweichen. Die Pastinakwürfel im Mixer oder mit dem Pürierstab pürieren. Dabei die heiße Milch durch ein Sieb zugießen, um die Safranfäden zu entfernen, und den Parmesan einarbeiten. Das Püree mit Salz und frisch gemahlenem Pfeffer abschmecken.

Mit fein geschnittener Petersilie bestreuen und zu gebratener oder pochierter Poulardenbrust servieren.

Feines Linsengemüse

Mit den richtigen Zutaten wird ein einfaches Linsengericht zur Delikatesse. Nehmen Sie für das folgende Rezept die kleinen grünlich-grauen Linsen aus Le Puy. Sie haben eine sehr dünne Haut, einen Kern, der nicht mehlig wird, und einen besonders guten Geschmack. Wie alle anderen Hülsenfrüchte sollen auch diese Linsen immer erst nach dem Weichgaren gesalzen werden.

250 g Linsen (Lentilles vertes du Puy)
1 kleine Zwiebel, geschält
2 Knoblauchzehen, geschält
1 Lorbeerblatt
1 Gewürznelke
1 kleiner Thymianzweig
2 EL Olivenöl
1 Schalotte, fein gewürfelt
1 Karotte, fein gewürfelt
2 Stangen Staudensellerie, fein zerschnitten
1 Sardellenfilet
2 TL Rotweinessig
1 EL fein geschnittene glatte Petersilie
Salz, frisch gemahlener schwarzer Pfeffer

Die Linsen in etwa 3/4 Liter kaltem Wasser aufsetzen. Die Zwiebel, die Knoblauchzehen, das Lorbeerblatt, die Gewürznelke und den Thymianzweig zufügen. Zum Kochen bringen und die Linsen über nicht zu starker Hitze in knapp 20 Minuten weichgaren. Danach auf ein Sieb schütten und abtropfen lassen. Die gespickte Zwiebel, das Lorbeerblatt, die Gewürznelke und den Thymianzweig entfernen. Die Knoblauchzehen herausnehmen und bereithalten.

Inzwischen die Schalotten- und die Karottenwürfel zusammen mit dem in feine Scheibchen geschnittenen Staudensellerie im Olivenöl weichdünsten. Das zuvor gewässerte Sardellenfilet und die gegarten Knoblauchzehen zufügen und mit einem Holzlöffel zermusen. Die Linsen unterheben und auf kleiner Flamme einige Minuten ziehen lassen. Mit wenig Salz (die Sardellen sind bereits salzig), frisch gemahlenem Pfeffer und Rotweinessig abschmecken und mit der fein geschnittenen Petersilie bestreuen.

Dieses Linsengericht kann heiß als Gemüsebeilage, aber auch kalt als Salat gereicht werden.

Prinzeßbohnen mit Kapern und Oliven

Dieses herzhafte Gericht schmeckt am besten, wenn Sie dafür junge fadenlose Buschbohnen nehmen. Ihr ausgeprägter Bohnengeschmack verträgt kräftige Würze. (Keniaböhnchen haben dafür ein zu zartes Aroma.) Man kann dieses Gemüse auch mit breiten Stangenbohnen zubereiten.

500 g junge Bohnen
2 EL Olivenöl
2 Knoblauchzehen, fein gehackt
1 EL fein gehacktes Bohnenkraut
Saft von 1/2 Zitrone
1 EL kleine Kapern
8 Oliven, gefüllt mit rotem Paprika
Salz, frisch gemahlener schwarzer Pfeffer

Beim Putzen der Bohnen nur den Stielansatz wegschneiden. Das »Schwänzchen« ist eßbar und sieht dekorativ aus. Je nach Größe die Bohnen brechen. Anschließend in kochendem Salzwasser 5 Minuten blanchieren. Auf ein Sieb schütten und eiskalt abschrecken, damit sie eine schöne grüne Farbe behalten.

Unterdessen das Öl in einer Sauteuse erhitzen. Darin den gehackten Knoblauch zusammen mit dem frischen Bohnenkraut unter Rühren andünsten. Die abgetropften Bohnen zufügen, mit dem Zitronensaft beträufeln und in etwa 5 Minuten weichdünsten. Kurz vor Ende der Garzeit die Kapern und die in Scheiben geschnittenen Oliven einstreuen. Mit wenig Salz und reichlich frisch gemahlenem Pfeffer abschmecken.

Servieren Sie die Bohnen zu gedünstetem oder gebratenem Fisch.

Artischockenragout mit feinen Erbsen

Ein elegantes Gemüseragout, das Sie entweder mit frisch abgekochten Artischockenböden oder schnell mit einer guten Dosenware zubereiten können. Reichen Sie es zu zartem Geflügel oder, als vegetarisches Gericht, zu Vollkornreis.

1 400-g-Dose Artischockenböden oder -stücke
(240 g Abtropfgewicht)
300 g feine Erbsen, tiefgekühlt
50 g Kaiserschoten, geputzt
2 EL Olivenöl
1 Schalotte, fein gewürfelt
1 TL Zitronensaft
Salz, frisch gemahlener schwarzer Pfeffer

Die Artischocken aus der Dose auf ein Sieb schütten, kalt abspülen und abtropfen lassen. Die Erbsen auftauen. Die geputzten Kaiserschoten waschen und schräg in 1 Zentimeter breite Streifen schneiden.

Das Öl erhitzen und darin die Artischockenböden kurz anbraten. Die Schalottenwürfel, die Erbsen und die Schotenstreifen einrühren. Zugedeckt etwa 15 Minuten garen, bis die Erbsen weich sind. Mit etwas Zitronensaft, Salz und frisch gemahlenem Pfeffer abschmecken.

Kichererbsenragout

Kichererbsen mit ihrem angenehmen nußartigen Geschmack sind aus der Mittelmeerküche nicht wegzudenken. Mit den Mauren kamen sie nach Sizilien und Spanien und mit den Spaniern bis nach Mexiko. Sie sind die proteinreichsten Hülsenfrüchte. Wie andere Hülsenfrüchte ergeben sie mit Reis eine diätetisch ausgewogene Mahlzeit. Wenn Sie den roten Reis aus der Camargue bekommen können, dann servieren Sie ihn dazu.

Kreuzkümmel hat einen völlig anderen Geschmack als der bei uns gebräuchliche Kümmel. Er ist das traditionelle Gewürz, das vielen nordafrikanischen, spanischen und mittelamerikanischen Gerichten den besonderen Geschmack gibt. Verwenden Sie ihn für dieses Gericht ungemahlen. Sie finden ihn im Gewürzregal gut sortierter Lebensmittelgeschäfte.

2 400-g-Dosen Kichererbsen (Abtropfgewicht etwa 480 g)
1 mittelgroße Gemüsezwiebel
1 TL Kreuzkümmel
2 EL Olivenöl
1 Knoblauchzehe, fein gehackt
1/2 rote Chilischote, entkernt und fein gehackt
1 große Fleischtomate, geschält, entkernt und gewürfelt
Saft von 1/2 Zitrone
2 TL fein geschnittene Minze
Salz

Die Kichererbsen aus den Dosen auf ein Sieb schütten, gründlich unter fließendem kalten Wasser abspülen und abtropfen lassen. Die losen Häutchen der Kichererbsen entfernen. Die Zwiebel halbieren und in dünne Streifen schneiden. Den Kreuzkümmel in einer antihaftbeschichteten Pfanne trocken anrösten, bis er zu duften anfängt.

Das Olivenöl in einem Schmortopf erhitzen. Darin die Zwiebelstreifen zusammen mit dem gehackten Knoblauch und dem gehackten Chili auf mittlerer Flamme glasig dünsten. Die abgetropften Kichererbsen und die Tomatenwürfel unterheben. Mit Salz und Zitronensaft abschmecken.

Auf kleiner Flamme etwa 8 Minuten schmoren. Danach die fein geschnittene Minze unterheben. Mit dem Kreuzkümmel bestreuen und heiß zu Vollkornreis, aber auch kalt als Salat servieren.

Mexikanisches Bohnen-Paprika-Gemüse

Ein Rezept, das mir eine Freundin aus New Mexico geschickt hat. Sie bereitet es dort mit scharfen Pfefferschoten und grünen Tomatillos zu. Ich bevorzuge diese milde Version.

2 400-g-Dosen Kidney-Bohnen (Abtropfgewicht etwa 500 g)
1 TL Korianderkörner
1 TL Kreuzkümmel
je 1 rote und gelbe Paprikaschote
2 EL Olivenöl
1 Zwiebel, gewürfelt
1 kleine Chilischote, entkernt und fein gehackt
200 g pürierte Tomaten (Konserve)
1 Bund Koriandergrün
Salz, frisch gemahlener schwarzer Pfeffer

Die Bohnen aus der Dose auf ein Sieb schütten und gründlich unter fließendem kalten Wasser abspülen. Korianderkörner und

Kreuzkümmel vermischen und in einer antihaftbeschichteten Pfanne rösten, bis sie zu duften beginnen. Danach im Mörser zerstoßen oder in einer Gewürzmühle zermahlen und bereithalten.

Die Paprikaschoten halbieren, Stiel und Samenstand entfernen. Das Fruchtfleisch in etwa 1 Zentimeter große Würfel schneiden.

Das Olivenöl erhitzen und darin die Zwiebelwürfel weich dünsten, ohne Farbe zu geben. Anschließend die Paprikawürfel sowie den gehackten Chili einrühren und etwa 5 Minuten dünsten. Die pürierten Tomaten einrühren und die Kidney-Bohnen unterheben. Das Gemüse mit 1 Prise Salz und der Koriander-Kreuzkümmel-Mischung würzen. Unter vorsichtigem Rühren bis zum Siedepunkt erhitzen. Das fein geschnittene Koriandergrün unterheben. Zugedeckt und abseits der Hitze noch einige Minuten ziehen lassen. Mit einigen Korianderblättchen garnieren und zu körnig gekochtem Reis oder Fladenbrot servieren.

Karotten à la turque

Dieses Karottengemüse können Sie warm, aber auch kalt und wie in der Türkei als Vorspeise servieren. Das Gericht ist ein Beispiel dafür, wie man einen Stich Butter nicht als Kochfett, sondern als kleine »Zugabe« zur Verfeinerung des Geschmacks einsetzen sollte.

500 g junge Karotten, geputzt
1 EL Olivenöl
2 TL fein geschnittene Minze, ersatzweise Petersilie
150 g stichfester Joghurt
1 Knoblauchzehe
1 TL Butter
1/2 TL Rosenpaprika
Salz, frisch gemahlener schwarzer Pfeffer

Die Karotten in 1 Zentimeter dicke Scheiben schneiden. Im heißen Öl schwenken. Eine Prise Salz und 1 bis 2 Eßlöffel Wasser zufügen.

Auf kleiner Flamme im geschlossenen Topf weichdünsten, dabei mehrmals durchschwenken, damit sie nicht ansetzen. Zum Schluß die feingeschnittene Minze unterheben.

Den Joghurt mit der durchgepreßten Knoblauchzehe verrühren und mit Salz abschmecken. Die Butter in einem kleinen Pfännchen erhitzen und abseits der Hitze mit dem Paprikapulver verrühren.

Die Karotten in einer vorgewärmten Servierschüssel anrichten. Mit der kalten Joghurtsauce überziehen und darüber die heiße Paprikabutter träufeln.

Rote Bete in Orangensauce

Ein Gericht für den eiligen Gourmet.

1 Glas eingelegte Rote Bete (kleine Kugeln)
Saft von 1 Orange
2 TL Speisestärke
abgeriebene Orangenschale von 1 unbehandelten Frucht
1 Gewürznelke
1 Spritzer Tabasco
1 EL Birnendicksaft oder Cointreau
1 TL fein geschnittene glatte Petersilie als Garnitur
Salz, frisch gemahlener schwarzer Pfeffer

Die kleinen Rote Bete in dünne Scheiben oder in streichholzgroße Streifen schneiden. Die Marinadenflüssigkeit der Roten Bete bereithalten.

Den Orangensaft mit der Marinade auf einen knappen Viertelliter auffüllen. Die abgeriebene Orangenschale und die Gewürznelke zufügen. Zum Kochen bringen und die mit etwas Wasser angerührte Speisestärke zugießen. Rühren, bis die Sauce bindet. Mit einem Spritzer Tabasco, dem Birnendicksaft oder Cointreau sowie mit etwas Salz und Pfeffer abschmecken.

Die Rote Bete unterheben und in der Sauce erhitzen. In eine vorgewärmte Servierschüssel schütten und mit wenig fein geschnittener Petersilie bestreuen.

Pfannengerührter Rosenkohl

Verwenden Sie für dieses Gericht große Rosenkohlsprossen. Im Wok ist der Rosenkohl im Handumdrehen fertig. Sollten Sie den Rosenkohl in einer Pfanne sautieren, benötigen Sie etwas mehr Öl.

Für 2 Portionen
200 g Rosenkohl, geputzt
1 EL Olivenöl
1 EL frisch geriebener Parmesan
Salz, frisch geriebene Muskatnuß

Die Rosenkohlsprossen längs halbieren. Die Hälften in millimeterdünne Streifchen schneiden.

Das Öl im Wok erhitzen. Die Rosenkohlstreifen einstreuen, leicht salzen und unter ständigem Rühren etwa 3 Minuten pfannenrühren. Mit dem Parmesan bestreuen, reichlich Muskatnuß darüberreiben und servieren.

Pfannengerührter Brokkoli mit Shiitake-Pilzen

Frische Shiitake-Pilze sind wenig wasserhaltig und daher sehr ergiebig, so daß man mit kleinen Mengen auskommt. In der chinesischen Medizin werden die Pilze übrigens zur Stärkung des Immunsystems empfohlen.

Sollten die Pilze leicht nach Knoblauch riechen, sind sie nicht mehr frisch. Greifen Sie dann lieber zu Austernpilzen. Vom Brokkoli nehmen Sie nur die zarten Röschen; deren Stiele können Sie für eine Püreesuppe verwenden und die zähen Stiele der Shiitake-Pilze für eine Gemüsebouillon.

Auf die gleiche Art können Sie in Streifen geschnittenen Blattspinat und Chinakohl zubereiten.

500 g Brokkoli-Röschen
100 g frische Shiitake-Pilze, ersatzweise Austernpilze
2 EL Olivenöl
1 Knoblauchzehe, gepreßt
1 nußgroßes Stück Ingwer, fein gehackt
1 EL Sesamsaat
Salz, frisch gemahlener Pfeffer

Für die Sauce:
2 EL Sherry
1 EL japanische Sojasauce
1 TL Speisestärke

Die Brokkoli-Röschen in etwa haselnußgroße Stücke brechen. Die zähen Pilzstiele wegschneiden und für eine Bouillon verwenden. Die Pilzkappen kurz kalt abspülen, trockentupfen und quer in dünne Streifen schneiden. Für die Sauce in einer Tasse den Sherry mit der Sojasauce und der Speisestärke verquirlen.

Im Wok das Öl erhitzen, den Knoblauch und den Ingwer einrühren. Die Pilzstreifen einstreuen und 2 Minuten pfannenrühren. Den Brokkoli zufügen und weitere 2 Minuten unter ständigem Rühren garen. Anschließend die Sauce einrühren und das Gemüse etwa 6 Minuten zugedeckt weich schmoren.

Unterdessen die Sesamsaat in einer antihaftbeschichteten Pfanne trocken hell rösten. Das Gemüse abschmecken, mit dem gerösteten Sesam bestreuen und servieren.

Süß-saures Gemüse aus dem Wok

Dieses schnell zubereitete Gericht ist vielseitig. Sie können es als Beilage zu gedämpftem Fisch, aber auch nur mit Reis als vegetarisches Gericht servieren. Nehmen Sie statt Zucker Birnendicksaft, den Sie im Reformhaus bekommen. Er süßt fruchtiger.

1 rote Paprikaschote
50 g Kaiserschoten
1 kleine Zucchini
2 Karotten
1 Stange Staudensellerie
2 Frühlingszwiebeln
50 g Bohnensprossen
2 EL Olivenöl
1 Knoblauchzehe, fein gehackt
1/2 rote Chilischote, entkernt und fein gehackt
1 walnußgroßes Stück Ingwer, fein gehackt
4 EL ungesalzene Cashewnüsse
2 EL helle Sojasauce
1 EL Reis- oder Apfelessig
1 EL Birnendicksaft
1 TL Speisestärke
2 EL Sherry
Salz

Das Gemüse putzen. Die Paprikaschote in schmale Streifen und die Kaiserschoten in etwa 2 Zentimeter breite Schrägstreifen, die längs halbierten Zucchini, die Karotten und die Selleriestange in dünne gleichmäßige Scheiben schneiden. Die Frühlingszwiebeln schräg in Abschnitte schneiden und ihr Grün für die Garnitur verwenden. Die Bohnensprossen auf ein Sieb geben, mit kochendem Wasser überbrühen und abtropfen lassen. Das Gemüse getrennt bereithalten.

Das Öl im Wok erhitzen. Den Knoblauch, den Chili sowie den Ingwer einstreuen und kurz pfannenrühren. Zuerst die Karotten, den Sellerie und die Frühlingszwiebeln zugeben und unter ständigem Rühren 2 Minuten braten. Danach die Kaiserschoten, Zucchini sowie die Cashewnüsse einstreuen und in weiteren 3 Minuten knackig garen. Zuletzt die Bohnensprossen unterheben.

Die Sojasauce zugießen und das Gemüse darin wenden. Den Essig und den Birnendicksaft einrühren. Die Speisestärke mit dem Sherry verquirlen und die Sauce damit binden. Das Gemüse abschmecken und auf kleiner Flamme noch einige Minuten ziehen lassen.

Reis- und Nudelgerichte

Reis und Nudeln werden in der modernen Küche immer beliebter. Sie sind einfach in der Vorratshaltung, verlangen nur wenige Zutaten, lassen sich schnell zubereiten und machen angenehm satt.

Mit dem verbreiteten Interesse an »Global Food« kommen auch bisher unbekannte Reis- und Nudelsorten in den Handel: roter Reis aus der Camargue, Calasparra-Reis aus Spanien, Basmati-Reis aus dem Punjab, Duftreis und schwarzer Reis aus Thailand, Klebreis aus Japan; chinesische Eiernudeln, Reis- und Mungbohnennudeln, japanische Weizen- und Buchweizennudeln. Es lohnt sich, sie auszuprobieren.

Für Reis gibt es verschiedene Garmethoden. Die einfachste: Den Reis in sprudelnd kochendes Salzwasser geben und unter gelegentlichem Rühren garen; das Wasser abschütten, den Reis auf einem Blech ausbreiten und ihn in einem mäßig warmen Ofen ausdämpfen lassen. Eine zweite ist die Absorptionsmethode: Den Reis mit kaltem Wasser aufsetzen, ihn zum Kochen bringen und über milder Hitze ausquellen lassen. Risotto muß anders zubereitet werden: Den Reis zuerst in Fett anschwitzen und dann etwas heiße Brühe zugießen; hat der Reis die Flüssigkeit aufgesogen, fügt man immer wieder Brühe zu, bis der Risotto weich und sämig ist.

Frische Eiernudeln kann man natürlich selber machen. Sie müssen ebenso wie gekaufte frische Nudeln sofort verbraucht werden, da sie schnell verderben. Doch es gibt auch ausgezeichnete Fertigprodukte, so daß man sich die Mühe sparen kann. Nudeln machen nicht dick: Dick machen fette Saucen zu Nudeln. Spaghetti aglio e olio, mit zartem jungen Knoblauch und bestem fruchtigen Olivenöl zubereitet, ist das ideale Gericht für den schlankheitsbewußten Feinschmecker.

Kräuterrisotto mit Mozzarella-Schnitzeln

Sollten Sie auf einem Frühlingsspaziergang abseits vom Straßenrand junge Brennesseln entdecken, dann pflücken Sie eine Handvoll zarter Brennesselspitzen und mischen sie kleingeschnitten in den Risotto. Das ist nicht nur gesund, es schmeckt auch.

Rundkornreis für Risotti wird vor dem Kochen nicht gewaschen, da sonst Stärke ausgeschwemmt und das Gericht nicht sämig wird.

2 EL Olivenöl
1 Schalotte, fein gewürfelt
250 g italienischer Rundkornreis (Arborio oder Vialone)
1 Schuß Weißwein
1 l heiße Gemüsebouillon (Rezept Seite 61)
200 g tiefgekühlte feine Erbsen, aufgetaut
50 g Kaiserschoten, geputzt und quer in Streifen geschnitten
1 Bund Kerbel, fein geschnitten
1 TL Butter
2 EL frisch geriebener Parmesan
4 EL Tomatenwürfel als Garnitur
Salz, frisch gemahlener schwarzer Pfeffer

Für die Mozzarella-Schnitzel:
200 g Büffelmozzarella
1 Ei
Paniermehl
1 EL Olivenöl

Das Öl erhitzen und darin die Schalottenwürfel glasig dünsten. Den Reis einrühren, kurz anschwitzen, mit einem Schuß Weißwein ablöschen und die Flüssigkeit einkochen lassen. Die Hälfte der heißen Gemüsebouillon einrühren. Auf mittlerer Hitze unter gelegentlichem Rühren kochen, bis der Reis in 8–10 Minuten die Flüssigkeit aufgesogen hat.

Danach die Erbsen sowie die in Streifen geschnittenen Kaiserschoten unterheben. Die restliche heiße Gemüsebouillon nach und nach einrühren und den Risotto weitere 10–12 Minuten garen. Der Risotto muß cremig weich, aber nicht zermust sein. Kurz vor Ende der Garzeit den fein geschnittenen Kerbel unterheben. Abseits vom Herd die Butter und den geriebenen Parmesan einrühren und den Risotto mit Salz und frisch gemahlenem Pfeffer abschmecken.

Für die Schnitzel die Mozzarella-Kugel in 8 Scheiben schneiden. Die Scheiben in verquirltem Ei, danach in Paniermehl wenden und in einer antihaftbeschichteten Pfanne auf mittlerer Flamme von beiden Seiten hell anbräunen.

Den Risotto in vorgewärmte tiefe Teller verteilen und mit je 2 gebratenen Mozzarella-Schnitzeln belegen. Mit Tomatenwürfeln bestreuen und servieren.

Safran-Risotto mit Muscheln

Dies ist ein Essen für einen geselligen Abend mit Freunden. Ich reiche gern einen kleinen Salat als Vorspeise und einen leichten Nachtisch dazu. Nehmen Sie zum Kochen denselben trockenen Weißwein, den sie auch dazu trinken.

Für 6 Portionen:
4 EL mildes Olivenöl
4 Schalotten, fein gewürfelt
350 g italienischer Rundkornreis (Arborio oder Vialone)
1 1/4 l heißer Geflügelfond (Rezept Seite 60)
1 Briefchen Safranfäden
3 EL trockener Weißwein
3 EL frisch geriebener Parmesan
1 EL fein geschnittene glatte Petersilie
Salz, frisch gemahlener schwarzer Pfeffer

Für die Muscheln:
2 kg Miesmuscheln
1/4 l trockener Weißwein
1/8 l Wasser
1 Zwiebel, in Ringe geschnitten
2 Lorbeerblätter

Für die Einlage die Muscheln unter fließendem kalten Wasser abbürsten. Beschädigte Muscheln und solche, die sich beim Bürsten nicht schließen, wegwerfen.

In einem weiten flachen Topf den Wein und das Wasser vermischen. Die Zwiebelringe und die Lorbeerblätter einstreuen und die Muscheln in einer Schicht darauflegen. Die Muscheln im geschlossenen Topf 5 Minuten auf mittlerer Flamme kochen, bis sie sich geöffnet haben. Muscheln, die danach noch geschlossen sind, entfernen.

Nach dem Abkühlen das Muschelfleisch auslösen und bereithalten. Für die Garnitur 4 schöne Muscheln in den Schalen belassen. Den Kochsud durch ein mit einem feuchten Mulltuch ausgelegtes Sieb seihen und bereithalten.

In einem großen Topf mit schwerem Boden das Öl erhitzen und darin die Schalottenwürfel glasig dünsten. Den Reis ungewaschen einstreuen und mit einem Holzlöffel rühren, bis die Reiskörner mit einem leichten Fettfilm überzogen sind. Den gefilterten Kochsud der Muscheln und die Hälfte des heißen Geflügelfonds zugießen. Zum Kochen bringen und über milder Hitze unter mehrmaligem Rühren kochen lassen, bis der Reis die Flüssigkeit aufgesogen hat.

Unterdessen in einem Eierbecher die Safranfäden 10 Minuten im Wein einweichen. Den safranisierten Wein durch ein Sieb in den Reis gießen und den restlichen heißen Geflügelfond einrühren. Mit Salz abschmecken und weitere 10 Minuten über milder Hitze garen. Danach das ausgelöste Muschelfleisch und die fein geschnittene Petersilie unterheben. Zugedeckt auf kleinster Flamme ziehen lassen, bis das Muschelfleisch wieder heiß ist.

Anschließend abseits der Hitze den geriebenen Parmesan und die fein geschnittene Petersilie einrühren. Den Risotto in vorgewärmten tiefen Tellern anrichten, mit je einer gegarten Miesmuschel in der Schale garnieren und Pfeffer darübermahlen.

Gebratener Reis auf chinesische Art

Der bekannte chinesische Restaurateur Ken Lo bezeichnete »Fried Rice« – den gebratenen Reis – als gelungene Resteverwertung durch sparsame chinesische Hausfrauen. Weil aber dieser Reis von seinen westlichen Gästen immer wieder verlangt wurde, ließ auch er ihn in seinem Londoner Restaurant »Memories of China« servieren.

Da sich gekochter Reis luftdicht verschlossen mindestens 3 Tage im Kühlschrank und mehrere Wochen im Tiefkühlfach hält, habe ich immer einen Vorrat davon. Mit nur wenigen weiteren Zutaten läßt sich daraus schnell ein schmackhaftes Essen zubereiten, das man zusammen mit einem grünen Salat auch Gästen vorsetzen kann.

4 Tassen gekochter Reis (möglichst vom Vortag)
3 EL Olivenöl
1 Ei, verquirlt
1 walnußgroßes Stück Ingwer, fein gehackt
1/2 TL fein gehackte Chilischote
4 Frühlingszwiebeln, in 1 cm große Abschnitte geschnitten
100 g gebratenes Hühnerfleisch, in 1 cm große Würfel geschnitten
100 g gekochte ausgelöste Garnelen
2 TL Sojasauce
Salz, frisch gemahlener schwarzer Pfeffer

Den gekochten Reis auflockern und bereithalten. Das verquirlte Ei in eine mit wenig Öl ausgestrichene antihaftbeschichtete Pfanne gießen und die Pfanne so schwenken, daß der Pfannenboden damit überzogen ist. Über milder Hitze ein dünnes Omelett ausbacken, zur Rolle formen und auf einem Schneidbrett quer in dünne Streifen schneiden.

Das restliche Öl im Wok oder in einer großen Sauteuse erhitzen. Den gehackten Ingwer, den Chili sowie die weißen Zwiebelabschnitte hineingeben und 2 bis 3 Minuten pfannenrühren. Den Reis, die Hühnerfleischwürfel und die Garnelen unterheben. Unter vorsichtigem Rühren etwa 5 Minuten über mittlerer Hitze braten.

Kurz vor dem Servieren mit der Sojasauce beträufeln. Mit etwas Salz und frisch gemahlenem Pfeffer abschmecken und die grünen Abschnitte der Frühlingszwiebeln sowie die Omelettstreifen unterheben. Den gebratenen Reis in einer vorgewärmten Servierschale oder gleich aus dem Wok servieren.

Koriander-Reis mit Pilzen und Hühnerfleisch

Der Koriander-Reis ist ein Essen für den Familientisch. Da er sich wieder aufwärmen läßt, kann man davon eine größere Portion zubereiten. Sollten Sie frische Kaffirlimettenblätter bekommen, dann heben Sie ein oder zwei in feine Streifen geschnittene Blätter unter den Reis. Das gibt ihm eine fernöstliche Note.

Für 4–6 Portionen:
4 große Poulardenkeulen
3 EL Olivenöl
1 EL Korianderkörner, grob zerstoßen
250 g Champignons, geputzt, in Scheiben geschnitten
1 große Zwiebel, halbiert, in Streifen geschnitten
1/2 rote Chilischote, entkernt und fein gehackt
400 g Langkornreis
1 TL Kurkuma (Gelbwurzpulver)
3/4 l Geflügelbrühe
2 EL fein geschnittenes Koriandergrün
Salz, frisch gemahlener Pfeffer

Die Poulardenkeulen häuten, entlang der Knochen einschneiden, das Fleisch in einem Stück auslösen und längs in 2 Schnitzel teilen. Aus den Knochen und 3/4 Liter Wasser eine leichte Brühe kochen und bereithalten.

Die Schnitzel flachdrücken, mit Salz und frisch gemahlenem Pfeffer würzen. In einem großen Schmortopf oder in einer antihaftbeschichteten Deckelpfanne das Öl erhitzen. Darin die Schnitzel von beiden Seiten kurz anbräunen. Herausnehmen und bereithalten.

Die zerstoßenen Korianderkörner ins Bratfett geben und kurz rösten, bis sie duften. Danach die in Scheiben geschnittenen Pilze, die Zwiebelstreifen, die gehackte Chilischote und den Reis zufügen. Mit Salz und frisch gemahlenem Pfeffer würzen und mit Kurkuma kräftig gelb färben. Unter Rühren 2–3 Minuten anschwitzen.

Anschließend die Reismischung in eine ofenfeste Form geben und die heiße Brühe angießen. Die Schnitzel darüberlegen und die Form mit einem Deckel oder mit Aluminiumfolie fest verschließen. Die Form in den 175° C heißen Ofen setzen und den Reis in etwa 40 Minuten weichgaren. Kurz vor Ende der Garzeit das fein geschnittene Koriandergrün unterheben. Den Reis nochmals abschmecken und in der Form auftragen.

Jambalaya

In diesem scharf gewürzten Eintopfgericht aus Louisiana mischen sich spanische und kreolische Einflüsse.

4 EL Olivenöl
2 Zwiebeln, gewürfelt
2 Knoblauchzehen, fein gehackt
2 Stangen Staudensellerie, in feine Scheiben zerschnitten
1 grüne Paprikaschote, gewürfelt

1/2 rote Chilischote, entkernt und fein gehackt
200 g Langkornreis
500 g passierte Tomaten
1/2 l Gemüsebouillon (Rezept Seite 61)
2 Lorbeerblätter
1/2 TL gemahlener Kreuzkümmel
2 TL Worcestersauce
300 g geschälte Garnelen
Salz

Das Öl in einem gußeisernen Schmortopf erhitzen. Darin auf mittlerer Flamme die Zwiebelwürfel und den Knoblauch glasig dünsten. Den Staudensellerie, die Paprikawürfel, den Chili sowie den abgespülten und abgetropften Reis einrühren und kurz anschwitzen.

Anschließend die passierten Tomaten und die Gemüsebouillon zugießen.

Die Lorbeerblätter, den gemahlenen Kreuzkümmel und eine Prise Salz zufügen. Den Reis zum Kochen bringen und zugedeckt über milder Hitze in knapp 20 Minuten weichgaren. Mit einem Spritzer Worcestersauce abschmecken und die Garnelen unterheben. Zugedeckt einige Minuten ziehen lassen. Danach sofort servieren.

Vollkornspaghetti aglio e olio

Wenn Sie nach einem ganz schnellen Pasta-Gericht mit viel südländischem Flair suchen, hier ist es. Mit einem Salat aus sonnengereiften Tomaten und einem Glas Rotwein ergibt es ein vorzügliches kleines Abendessen. Ich verwende dafür Vollkornspaghetti. Ihr kerniger Biß paßt gut zu dieser robusten Sauce, für die Sie allerdings nur ein Olivenöl bester Qualität nehmen sollten.

Sie können die Sauce variieren, indem Sie außerdem noch 1 Sardellenfilet im Öl schmelzen lassen und gehackte schwarze Oliven unter die Spaghetti heben.

300 g Vollkornspaghetti
6 EL fruchtiges Olivenöl
3 Knoblauchzehen, blättrig geschnitten
1 rote Chilischote, entkernt und fein gehackt
2 TL fein geschnittene glatte Petersilie
Salz, frisch gemahlener schwarzer Pfeffer

Die Vollkornspaghetti in reichlich kochendem Salzwasser al dente garen. Auf ein Sieb schütten und abtropfen lassen.

Während die Spaghetti garen, das Olivenöl in einer kleinen Pfanne auf mittlerer Flamme erhitzen. Den Knoblauch einstreuen und glasig dünsten. Die fein gehackte Chilischote und die fein geschnittene Petersilie einrühren.

In einer vorgewärmten Servierschüssel die Spaghetti mit der Sauce vermischen, Pfeffer darüber mahlen und sofort servieren. Keinen geriebenen Käse dazu reichen.

Tagliatelle mit Gorgonzola-Nuß-Sauce

Servieren Sie zu diesem im Nu zubereiteten Gericht einen Radicchiosalat, oder mengen Sie zur Abwechslung einige in dünne Streifen geschnittene Radicchioblätter unter die heiße Pasta.

300 g Tagliatelle
2 Schalotten, sehr fein gewürfelt
1 EL Olivenöl
1 TL Mehl
200 ml fettarme Milch
125 g Gorgonzola
20 g frisch geriebener Parmesan
4 EL Walnußkerne, grob gehackt
frisch geriebene Muskatnuß
einige Walnußhälften als Garnitur
Salz

Die Tagliatelle in reichlich sprudelnd kochendem Salzwasser al dente kochen. Auf ein Sieb schütten und abtropfen lassen.

Unterdessen für die Sauce die Schalottenwürfel im heißen Olivenöl über milder Hitze glasig dünsten. Das Mehl anstäuben und die Milch zugießen. Unter Rühren zum Kochen bringen und weiterrühren, bis eine Bindung entsteht. Den Gorgonzola zerbröckeln und mit dem Stabmixer vorsichtig in die Sauce mischen. Den Parmesan einrühren und die gehackten Walnußkerne unterheben.

Die Sauce mit reichlich frisch geriebener Muskatnuß und wenig Salz, da der Käse bereits salzig ist, abschmecken und, falls nötig, mit etwas Kochwasser der Nudeln verdünnen.

Die Tagliatelle mit der Sauce vermischen und auf vorgewärmte Teller verteilen. Mit Walnußhälften garnieren und auftragen.

Feiner Nudelgratin

Dies ist meine leichte Version eines klassischen Gratins, die sich zusammen mit einer Vorspeise wie der Lachs-Ceviche (Rezept Seite 22) oder der Forellenmousse (Rezept Seite 25) und einem leichten Dessert durchaus für ein kleines festliches Abendessen eignet.

Für 4–6 Portionen:
250 g Spaghetti
1 EL Olivenöl
2 TL Butter
1 EL Mehl
1/8 l Geflügelfond
1/8 l fettarme Milch
3 EL Sherry Amontillado
3 EL Crème fraîche (oder fettarme Quarkzubereitung)
100 g frisch geriebener Parmesan
Salz, frisch gemahlener Pfeffer

Für die Einlage:
250 g Champignons, geputzt und in Scheiben geschnitten
2 Schalotten, fein gewürfelt
1 EL Olivenöl
1 rote Paprikaschote, in dünne Streifen geschnitten
400 g gebratenes Hühner- oder Putenfilet, in Streifen geschnitten
1 EL fein geschnittene Petersilie

Die Spaghetti al dente garen, auf ein Sieb schütten, gründlich abtropfen lassen und bereithalten.

Das Öl zusammen mit der Butter in einem Topf auf mittlerer Flamme erhitzen. Das Mehl zufügen und hell anschwitzen. Den Geflügelfond und die Milch zugießen. Unter ständigem Rühren etwa 3 Minuten kochen lassen, bis eine sämige Sauce entsteht. Anschließend die Crème fraîche, den Sherry und die Hälfte des geriebenen Parmesans mit dem Rührbesen einschwingen. Die Sauce mit Salz und Pfeffer abschmecken und vom Feuer nehmen.

Die Champignons mit den Schalottenwürfeln im Olivenöl 3 bis 4 Minuten braten. Mit etwas Salz und Pfeffer würzen. Die Paprikastreifen in wenig Wasser knapp weich dünsten (in 3 Minuten in einem geschlossenen Gefäß im Mikrowellenherd).

In einer großen Schüssel die Spaghetti mit der Sauce, den Pilzen, den Paprika- und Fleischstreifen vermischen. Die fein geschnittene Petersilie unterheben. In eine große, leicht gefettete Gratinform füllen und mit dem restlichen Parmesan bestreuen. Im heißen Ofen etwa 15 Minuten überbacken, bis die Oberfläche leicht gebräunt ist.

Nudeln auf thailändische Art mit Garnelen und Minze

Im Gegensatz zu chinesischen sind thailändische Saucen eher heiße Marinaden, da sie nicht mit Speisestärke angedickt werden. Ich verwende für diese Art von Gerichten japanische Weizennudeln (»Chuka Soba« von Wan Kwai), die es mittlerweile in jedem größeren Supermarkt gibt. Sie sind ähnlich gedreht wie italienische Fusilli und in lockeren Platten abgepackt. Gegart haben sie eine angenehm weiche Konsistenz.

250 g japanische Weizennudeln
2 EL Olivenöl
2 Knoblauchzehen, gepreßt
1/2 rote Chilischote, fein gehackt
1 grüne Paprikaschote, entkernt und klein gewürfelt
2 Stangen Staudensellerie, in dünne Scheiben geschnitten
1/8 l Geflügelfond
2 EL chinesische Austernsauce (ersatzweise dunkle Sojasauce)
1 Prise brauner Rohrzucker
300 g abgekochte Tiefseegarnelen oder Nordseekrabben
2–3 EL fein geschnittene frische Minze
Salz

Die Nudeln nach Packungsvorschrift – etwa 5 Minuten – kochen. In ein Sieb schütten, kalt abspülen und gründlich abtropfen lassen.

Das Öl im Wok erhitzen. Darin die durchgepreßten Knoblauchzehen, die gehackte Chilischote, die Paprikawürfel und die Selleriescheibchen 2 Minuten unter Rühren dünsten.

Den Geflügelfond mit der Austernsauce und einer Prise Zucker verrühren. In den Wok gießen und zum Kochen bringen. Die Garnelen zufügen und die fein geschnittene Minze unterheben. Die abgetropften Nudeln hineingeben und in der Sauce wenden. Mit Salz abschmecken und auf kleinster Flamme 5 Minuten ziehen lassen.

Chow Mein

Chow Mein bedeutet »gebratene Nudeln«. Es ist ein beliebtes Gericht in China-Restaurants, obwohl es nicht aus China, sondern aus Amerika stammt. Ebenso wie Chop Suey wurde es im vergangenen Jahrhundert von chinesischen Köchen erfunden, die für die Eisenbahnarbeiter der Great Western Railroads kochten, die zumeist chinesische Kulis waren.

Das Gericht besteht aus etwas Fleisch, viel Gemüse und chinesischen Instant-Eiernudeln. Diese Nudeln sind bereits vorgedämpft und benötigen deshalb nur eine kurze Garzeit.

250 g chinesische Instant-Eiernudeln
100 g Bohnensprossen
100 g Kaiserschoten, geputzt
2 Karotten, geputzt und in dünne Streifen geschnitten
3 EL Olivenöl
1 Knoblauchzehe, fein gehackt
1 walnußgroßes Stück Ingwer, fein gehackt
300 g Hühnerfilet, in dünne Streifen geschnitten
4 Frühlingszwiebeln, geputzt
2 EL Sherry oder chinesischer Reiswein
1 TL Speisestärke
2 EL helle Sojasauce
1/8 l Geflügelfond
1 TL chinesisches Sesamöl
Salz, frisch gemahlener schwarzer Pfeffer

Die Nudeln nach Packungsvorschrift kochen, auf ein Sieb schütten, kalt abspülen und abtropfen lassen.

Die Keimblätter der Bohnensprossen abknipsen. Die Sprossen in kochendem Wasser blanchieren, kalt abschrecken und abtropfen lassen. Die Kaiserschoten diagonal in 2 Zentimeter breite Streifen und die Frühlingszwiebeln in 2 Zentimeter lange Abschnitte schneiden.

Im Wok oder in einer Pfanne mit hohem Rand 2 Eßlöffel Öl erhitzen. Den gehackten Ingwer und Knoblauch einstreuen und 30 Sekunden anbraten. Die Fleischstreifen zufügen und 3 Minuten pfannenrühren.

Die weißen Abschnitte der Frühlingszwiebeln, die Kaiserschoten, die Karottenstreifen und die Bohnensprossen einstreuen und weitere 2–3 Minuten unter ständigem Rühren braten. Mit dem Sherry beträufeln und mit Salz und frisch gemahlenem Pfeffer würzen. Mit einem Sieblöffel herausheben und warmhalten.

Das restliche Öl im Wok erhitzen. Die Nudeln hineinschütten und mit der Hälfte der Fleisch- und Gemüsemischung vermengen. Die Speisestärke mit der Sojasauce und dem Geflügelfond verquirlen und zugießen. Unter vorsichtigem Rühren zum Kochen bringen, mit dem Sesamöl beträufeln und vom Feuer nehmen.

Das Chow Mein in eine vorgewärmte Servierschüssel geben und mit der restlichen Fleisch-Gemüse-Mischung belegen. Mit den grünen Abschnitten der Frühlingszwieben bestreuen und servieren.

Desserts

Die gesündesten Desserts sind reife Früchte ohne alles Beiwerk. Man sollte ihnen eigentlich immer den Vorzug geben. Dennoch verlangen besondere Gelegenheiten nach besonderen Schlemmereien. Auch Desserts lassen sich leicht lecker zubereiten, wie Ihnen die folgenden Rezepte zeigen. Selbst für die Schokoladenmousse, den Inbegriff der Kalorienbombe, gibt es ein »schlankes« Rezept. Im übrigen verwende ich nur Zucker, keinen künstlichen Süßstoff. Süßstoff, so hat man herausgefunden, verstärkt nur den Heißhunger auf Süßes. Und das kann nicht die Absicht einer »schlanken« Küche sein.

Obstsalat

Mit einem aromatischen Zuckersirup können Sie in kürzester Zeit einen feinen Obstsalat zubereiten. Schon wenige Eßlöffel davon, die über gewürfelte oder in Scheiben geschnittene frische Früchte gegossen werden, reichen aus. Den Sirup können Sie vorbereiten. Er hält sich in einer verschlossenen Flasche lange im Kühlschrank.

Verwenden Sie möglichst Früchte der Saison und mischen Sie nicht zu viele verschiedene Sorten durcheinander. Bei einer guten Macédoine, wie ein Obstsalat in der Feinen Küche genannt wird, ist weniger mehr.

Für 4–6 Portionen:
1 reife Netzmelone
2 saftige Birnen
250 g kernlose Trauben
150 g blaue Weintrauben
6–8 EL Zuckersirup

Für den Zuckersirup:
350 g Zucker
1/8 l Wasser
1/8 l Moselriesling
1/2 Zimtstange
Schale von 1/2 unbehandelten Zitrone

Für den Sirup den Zucker mit dem Wasser und dem Wein in einem kleinen emaillierten Topf oder Edelstahltopf vermischen. Die Zimtstange und die mit einem Sparschäler hauchdünn abgeschälte Zitronenschale zufügen. Auf kleiner Flamme zum Kochen bringen und 3 bis 4 Minuten sieden. Abkühlen lassen und anschließend die Zimtstange und die Zitronenschale entfernen. Den Sirup in ein Schraubglas oder eine Flasche füllen und bis zum Gebrauch im Kühlschrank aufbewahren.

Für den Obstsalat die Melone halbieren und die Kerne entfernen. Mit einem Kugelausstecher Melonenkugeln ausstechen und in eine Glasschale legen. – Melonenreste nach Belieben für eine Melonensuppe (Rezept Seite 160) verwenden.

Die Birnen schälen, das Kerngehäuse entfernen und das Fruchtfleisch würfeln. Die Trauben waschen. Die kernlosen Trauben im Ganzen belassen. Die blauen Trauben schälen, halbieren und die Kerne entfernen.

In einer dekorativen Glasschüssel die Früchte vermischen und mit dem aromatisierten Fruchtsirup überziehen. Zugedeckt im Kühlschrank gut durchkühlen.

Geeiste Melonensuppe

Geeiste Fruchtsuppen sind nicht eisig, sondern nur gut gekühlt. Man kann jedoch vor dem Servieren eine Kugel Vanilleeis in jede Portion geben.

Für 2 Portionen:
1 reife Netzmelone
1 Glas Portwein
1 gestrichener TL Ingwerpulver
4 EL Zuckersirup (Rezept Seite 159)
einige Melonenkugeln als Garnitur

Die Melone halbieren und die Kerne entfernen. Aus dem Fruchtfleisch etwa 8 kleine Kugeln ausstechen und für die Einlage bereithalten.

Das restliche Fruchtfleisch grob würfeln und gut durchkühlen. Zusammen mit dem Portwein, dem Ingwerpulver und dem Zuckersirup im Mixer oder mit dem Pürierstab pürieren. In Suppenschalen gießen, einige Melonenkugeln einlegen und sofort servieren.

Exotische Fruchtspieße

Bei exotischen Früchten ist man nicht allzu sehr von der Saison abhängig. Sie sind meist das ganze Jahr über erhältlich. Wenn Sie die Spießchen vorbereiten wollen, dann beträufeln Sie sie mit etwas Zitronen- oder Limettensaft, damit sich die Bananen nicht verfärben.

2 Bananen
1 Mango
1/2 Ananas
2 Kiwis
8 Kumquats
4 EL Kokosraspel

Für die Sauce:
1 TL Butter
8 EL Zuckersirup (Rezept Seite 159)
6 EL Maracuja-Nektar

Die Bananen, die Mango, die Ananas und die Kiwis schälen. In gleichmäßig dicke Scheiben schneiden. Die Mango- und Ananasscheiben mit einem kleinen Teigausstecher rund ausstechen (der Ausstecher sollte etwa den Durchmesser der Bananenscheiben haben) oder die Früchte in gleichmäßige Würfel schneiden. Die Kumquats halbieren.

Die Fruchtscheiben abwechselnd auf 8 Holzspieße ziehen und jeweils an Anfang und Ende eine halbierte Kumquat stecken.

In einer nicht zu großen Pfanne die Butter erhitzen und den Zuckersirup einrühren. Die Früchtespieße einlegen, im heißen Sirup wenden und über milder Hitze etwa 3 Minuten pochieren.

Unterdessen den Kokosraspel in einer antihaftbeschichteten Pfanne hell anrösten. Je 2 Spieße auf die Teller verteilen. Mit dem gerösteten Kokosraspel bestreuen. Den Pochierfond mit dem Maracuja-Nektar verrühren und die Fruchtspieße damit umgießen.

Mirabellenkompott mit Mandeln

Es ist zwar etwas zeitaufwendig, die kleinen Mirabellen zu entsteinen, doch bei reifen Früchten lösen sich die Steine ohne Schwierigkeit. Statt Mirabellen können Sie auch saftige Pflaumen oder Äpfel nehmen.

Für ein Pflaumenkompott löschen Sie den karamelisierten Zucker mit Rotwein ab und aromatisieren es mit Armagnac. Für ein feines Apfelkompott nehmen Sie Wasser oder Apfelsaft und einen Schuß Calvados.

600 g Mirabellen
5 g Butter
etwa 12 geschälte Mandeln
2 EL Puderzucker
1/8 l Wasser
2 EL Marillengeist

Die Mirabellen waschen und so halbieren, daß die beiden Hälften noch zusammenhängen, und entsteinen.

Die Butter in einem Topf mit schwerem Boden erhitzen und darin die Mandeln auf mittlerer Flamme kurz anrösten. Mit Puderzucker bestäuben und rühren, bis der Puderzucker geschmolzen und die Mandeln mit einer hellen Karamelschicht überzogen sind. Mit einem Sieblöffel herausnehmen und auf einem flachen Teller abkühlen lassen.

Den Karamelsatz vorsichtig mit dem Wasser ablöschen und rühren, bis er sich gelöst hat. Die Mirabellen einlegen und auf kleiner Flamme weichdünsten, ohne daß sie zerfallen. Mit dem Marillengeist beträufeln und abkühlen lassen. Zuletzt die Mandeln unterheben.

Feigen in Prosecco

Wenn im Spätsommer pralle saftige Feigen auf dem Markt sind, sollten Sie dieses Dessert zubereiten.

8 reife blaue Feigen
1/4 l Wasser
125 g Zucker
Saft von 1 Zitrone
1/2 Flasche Prosecco

Die Feigen waschen und vierteln.

Das Wasser mit dem Zucker und dem Zitronensaft verrühren und über milder Hitze rühren, bis sich der Zucker gelöst hat. Die geviertelten Feigen einlegen, zum Kochen bringen und auf kleinster Flamme 2 Minuten pochieren. Vom Feuer nehmen und im Sud abkühlen lassen. Zugedeckt in den Kühlschrank stellen und gut durchkühlen.

Die gekühlten Feigen in Glasschälchen verteilen. Mit dem Sirup überziehen und unmittelbar vor dem Servieren mit einem Schuß eiskaltem Prosecco übergießen.

Himbeer-Granité

Servieren Sie dieses pinkfarbene Granité als leichten erfrischenden Abschluß eines festlichen Essens.

Für 4–6 Portionen:
125 g Zucker
1/4 l Wasser
500 g Himbeeren
1/4 l Sekt
einige Minzblättchen und Himbeeren als Garnitur

Das Wasser mit dem Zucker unter Rühren erhitzen, bis sich der Zucker gelöst hat. Vom Feuer nehmen und abkühlen lassen.

Die Himbeeren in ein Sieb legen, vorsichtig kalt überbrausen und abtropfen lassen. Danach durch das Sieb passieren oder durch ein Passiergerät treiben.

Das Himbeerpüree mit dem abgekühlten Zuckersirup und dem Sekt vermischen. In eine flache Metallschale gießen und im Tiefkühlfach gefrieren lassen. Dabei etwa alle 20 Minuten mit einer Gabel durchrühren, damit das Granité eine gleichmäßige Körnung bekommt.

Das Granité mit einem Löffel aus der Schale schaben und in Cocktailgläser verteilen. Mit je einer schönen Himbeere und einem Pfefferminzblatt garnieren.

Trauben in Weingelee

Das pflanzliche Geliermittel Agar-Agar (im Reformhaus erhältlich) muß stets 1 bis 2 Minuten in Flüssigkeit kochen, um seine Gelierkraft voll zu entfalten. Sein leichter Algengeruch verfliegt dabei. Er beeinträchtigt nicht den Geschmack des fertigen Gelees, das erst beim Abkühlen erstarrt.

Natürlich können Sie das Gelee nur mit Wein oder – für Kinder – nur mit Traubensaft zubereiten.

400 g kernlose Trauben
1/4 l Traubensaft
1/4 l Moselriesling
1 EL Zucker oder Akazienhonig
1/2 Zimtstange
2 Gewürznelken
1/2 TL Agar-Agar
4 Melissen- oder Pfefferminzblättchen als Garnitur

Die Trauben waschen, gründlich abtropfen lassen und von den Stielen zupfen. Einige Eßlöffel Traubensaft abnehmen und mit dem Agar-Agar verquirlen.

Den Wein und den Traubensaft zusammen mit dem Zucker und den Gewürzen aufkochen. Das angerührte Agar-Agar zufügen und die Flüssigkeit 2 Minuten unter ständigem Rühren auf kleiner Flamme kochen lassen. Vom Feuer nehmen, etwas abkühlen lassen und die Zimtstange sowie die Gewürznelken entfernen.

Inzwischen die Trauben in 4 Stielgläser oder Glasschalen verteilen. Mit dem leicht abgekühlten Weingelee überziehen und im Kühlschrank fest werden lassen. Mit Melissen- oder Pfefferminzblättchen garniert servieren.

Schokoladenmousse mit frischen Himbeeren

Die Schokoladenmousse gilt allgemein als kalorienreich. Sie läßt sich auch weniger schwer zubereiten. Diese leichte Mousse gerät auch ohne Sahne locker und cremig.

100 g Edelbitter-Schokolade, in Stücke gebrochen
50 ml heißer Kaffee (aus 1 TL Instant-Kaffee)
80 g fettarme cremige Quarkzubereitung (0,2 Prozent Fettgehalt)
abgeriebene Schale von 1 unbehandelten Orange
Saft von 1/2 kleinen Orange
1 Likörglas Cointreau
3 Eiweiß
1 EL Zucker
1 Prise Salz
frische Himbeeren und 4 Pfefferminzblättchen als Garnitur

Die Schokoladenstücke mit dem heißen Kaffee in einen kleinen Topf geben und über milder Hitze langsam schmelzen.

Unterdessen die Quarkzubereitung mit der abgeriebenen Orangenschale, dem Orangensaft und dem Cointreau verrühren. Das Eiweiß steif schlagen, bis sich weiche Spitzen bilden, dabei den Zucker und eine Prise Salz zufügen.

In einer Schüssel die geschmolzene Schokolade und den aromatisierten Quark mit dem Handrührgerät vermischen. Anschließend den Eischnee unterziehen.

Die Mousse in 4 Portionsförmchen füllen. Mit Frischhaltefolie abdecken und mindestens 3 Stunden in den Kühlschrank geben.

Vor dem Servieren die Mousse mit frischen Himbeeren dicht an dicht belegen. Nach Belieben mit etwas Puderzucker bestäuben und mit je einem Pfefferminzblättchen garnieren.

Schokoladenparfait

Schokoladenspeisen sind immer beliebt und meist sehr kalorienträchtig. Dieses Parfait ist leicht. Sie können es mit einer heißen Vanillesauce (Rezept Seite 172) oder einfach nur mit wenig Puderzucker bestäubt servieren.

Für 6 Portionen:
200 g Edelbitter-Schokolade
2 Eier
4 EL Puderzucker
3 EL Kristallzucker
3 EL starker Kaffee
200 g fettarme cremige Quarkzubereitung (0,2 Prozent Fettgehalt)

Die Schokolade in kleine Stücke brechen. In einer Metallschüssel über ein heißes Wasserbad setzen und unter mehrmaligem Rühren schmelzen lassen.

Die Eier trennen. Das Eiweiß mit dem Puderzucker zu steifem Schnee schlagen. Den Kristallzucker im Kaffee unter Rühren über milder Hitze auflösen.

Das Eigelb cremig rühren und dabei den Kaffeesirup zufügen. Anschließend die geschmolzene Schokolade und danach die Quarkzubereitung mit dem Handrührgerät einmischen. Zuletzt den Eischnee unterheben.

Die Masse in kleine Souffléförmchen füllen. Mit Aluminiumfolie fest verschließen und im Tiefkühlschrank gefrieren lassen. Vor dem Servieren etwa 15 Minuten im Kühlschrank etwas weich werden lassen.

Nektarinenparfait Tortoni

Dieses italienische Nektarinenparfait ist das ideale Dessert, wenn Sie Gäste beeindrucken wollen. Es läßt sich ganz einfach zubereiten.

Für 6 Portionen:
1 reife Nektarine
4 EL Mandellikör (Amaretto di Saronno)
500 g fettarme cremige Quarkzubereitung (0,2 Prozent Fettgehalt)
6 EL grob zerstoßene Amaretti (Mandelmakrönchen)
2 Eiweiß
3 EL Puderzucker
Maraschinokirschen als Garnitur

Die Nektarine halbieren, entkernen und das Fruchtfleisch in kleine Würfel schneiden. Mit dem Mandellikör übergießen und zugedeckt 30 Minuten ziehen lassen. Danach mit der Quarkzubereitung und den grob zerstoßenen Amaretti vermischen.

Das Eiweiß mit dem Puderzucker zu steifem Schnee schlagen und unter die Quarkmasse ziehen. In kleine Portionsförmchen füllen, mit Aluminiumfolie fest verschließen und zum Gefrieren mindestens 4 Stunden ins Tiefkühlfach stellen.

Vor dem Servieren etwa 15 Minuten im Kühlschrank weich werden, aber nicht zerfließen lassen. Die Portionen mit je einer Maraschinokirsche garnieren und servieren.

Avocadoschaum mit Kiwiwürfeln

Man vergißt leicht, daß die Avocadobirne kein Gemüse, sondern eine Frucht ist, und ist erstaunt, daß sich aus dem goldgelben Fruchtfleisch reifer Avocados zartschmelzende süße Cremes zubereiten lassen.

Statt des Eischnees können Sie auch eine cremige Magerquarkzubereitung unter das Püree ziehen. Sie erhalten dann eine etwas festere Creme. Auch diese sollte gleich nach der Zubereitung serviert werden, damit sie sich nicht verfärbt.

2 reife Avocados
2 Limetten, Saft und abgeriebene Schale
2 gehäufte EL Puderzucker
2 EL Cognac
1 Eiweiß
1 reife Kiwi, geschält und kleingewürfelt

Die Avocados halbieren und die Steine entfernen. Das Fruchtfleisch mit einem Löffel aus den Schalen heben. Im Mixer mit dem Limettensaft, 1 Teelöffel abgeriebener Limettenschale, 1 Eßlöffel Puderzucker und dem Cognac pürieren. Das Eiweiß mit dem restlichen Puderzucker steif schlagen und unter die Creme ziehen.

Die Creme in Stielgläser oder Glasschälchen verteilen, mit den Kiwiwürfeln bestreuen und sofort servieren.

Mandarinencreme

Ab und zu werden unbehandelte Mandarinen angeboten. Greifen Sie dann zu und bereiten Sie diese unkomplizierte Creme. Da sie sehr leicht ist, können Sie auch einmal etwas geschlagene Sahne unterziehen.

8 Mandarinen (unbehandelte Früchte)
Saft von 1/2 Orange
8 EL Zucker
1 Kapsel Sternanis
2 Blatt Gelatine
80 g fettarme cremige Quarkzubereitung (0,2 Prozent Fettgehalt)
4 EL geschlagene Sahne

Die Mandarinen heiß abwaschen und trockenreiben. Zwei Mandarinen schälen und in kleine Würfel schneiden.

Mit einem Streifenschneider die Schale der restlichen Mandarinen in hauchdünnen Streifen abschneiden. Den Saft auspressen und mit dem Orangensaft, den Schalenstreifen und dem Zucker in einem Topf vermischen. Den Sternanis und die zuvor in kaltem Wasser eingeweichte, gut ausgedrückte Gelatine zufügen.

Auf kleiner Flamme vorsichtig erhitzen, bis sich der Zucker und die Gelatine gelöst haben. Die Mandarinenwürfel zufügen. Vom Feuer nehmen und abkühlen lassen.

Sobald die Masse zu gelieren anfängt, die Quarkzubereitung und die Sahne unterziehen. In Dessertschälchen verteilen und kühlstellen.

Bratäpfel mit Ingwerfüllung

Nehmen Sie für diese Nachspeise am besten Äpfel der Sorte Golden Delicious. Diese haben ein festes Fruchtfleisch und zerfallen nicht beim Braten im Ofen. Servieren Sie die Bratäpfel mit einer heißen Vanillesauce (Rezept Seite 172).

2 EL Korinthen
1 EL Rum
4 Äpfel
50 g Rohmarzipanmasse
2 EL Ingwersirup
2 EL kandierter Ingwer, fein gehackt
4 Melissen- oder Pfefferminzblättchen als Garnitur

Die Korinthen heiß abspülen, abtropfen lassen und mit dem Rum beträufeln.

Die Äpfel waschen, aber nicht schälen. Mit einem Apfelausstecher vom Stielende her das Kerngehäuse so ausstechen, daß der Boden dabei nicht durchstoßen wird.

Die Marzipanmasse mit dem Ingwersirup glattrühren. Mit dem gehackten Ingwer und den Korinthen vermischen und die Äpfel damit füllen.

Die gefüllten Äpfel in eine ofenfeste Form setzen und 2 bis 3 Eßlöffel Wasser angießen. Die Äpfel im 200° C heißen Ofen weichbraten.

Auf Teller verteilen, mit heißer Vanillesauce überziehen und mit je einem Pfefferminzblättchen garnieren.

Vanillesauce

Eine feine Vanillesauce, die schnell gelingt und heiß oder kalt serviert werden kann. Wenn Sie unter die kalte Sauce 1 bis 2 Eßlöffel fettarme cremige Quarkzubereitung ziehen, können Sie die Sauce statt geschlagener Sahne zu vielen Nachspeisen reichen.

Für 1/2 Liter:
1/2 l fettarme Milch
1 EL Zucker
2 Eigelb
1 Päckchen Bourbon-Vanillezucker
2 TL Bourbon-Vanillepuddingpulver
1 Prise Salz

Die Milch mit dem Zucker und einer kleinen Prise Salz verrühren und auf mittlerer Hitze zum Kochen bringen.

Unterdessen die beiden Eigelb mit dem Vanillezucker und dem Puddingpulver cremig rühren. Die kochende Milch mit dem Rührbesen langsam in die Mischung rühren. Zurück aufs Feuer setzen und unter ständigem Rühren kurz aufkochen lassen. Abseits vom Herd bis zum Abkühlen weiterrühren, damit sich keine Haut bildet.

Apfelbiskuit mit Preiselbeeren

Dieses Dessert wird warm serviert. Reichen Sie dazu einen Kir – ein Glas Weißwein oder Sekt mit einem Schuß Crème de Cassis. Diesen schwarzen Johannisbeerextrakt mit 15 Prozent Alkoholgehalt können Sie auch zum Aromatisieren der Preiselbeerfüllung verwenden.

Für 4–6 Portionen:
5 EL Weißwein
5 EL Wasser
Saft von 1 Zitrone
4 EL Zucker
1/2 Zimtstange
4 kleine Äpfel
(Cox Orange)
8 EL Preiselbeerkompott
2 EL Crème de Cassis

Für den Biskuit:
2 Eier
1 Päckchen Bourbon-Vanillezucker
3 EL Zucker
4 EL Mehl
2 EL Speisestärke
1/4 TL Backpulver
1 Prise Salz
Puderzucker zum Bestäuben

In einem Topf, der die Apfelhälften in einer Schicht faßt, den Wein, das Wasser und den Zitronensaft mit dem Zucker vermischen und die halbe Zimtstange einlegen. Unter Rühren über mittlerer Flamme erhitzen, bis sich der Zucker gelöst hat.

Die Äpfel schälen, halbieren und die Kerngehäuse rund herausstechen. In den Weinsud legen und im geschlossenen Topf auf kleiner Flamme etwa 5 Minuten dünsten, dabei einmal wenden. Die

Äpfel dürfen nicht zerfallen. Herausnehmen und auf einem Teller abkühlen lassen.

Das Preiselbeerkompott mit dem Crème de Cassis verrühren und in die ausgehöhlten Apfelhälften füllen. Die Apfelhälften mit der gefüllten Seite nach oben dicht an dicht in eine runde gefettete Auflaufform (von ca. 11/2 Liter Inhalt) füllen; sie muß mindestens 8 Zentimeter tief sein.

Für den Biskuitguß die Eier trennen. Das Eigelb mit dem Vanillezucker cremig rühren. Das Eiweiß mit 2 Teelöffeln Wasser, einer Prise Salz und dem Zucker zu steifem Schnee schlagen. Den Eischnee mit der Eigelbcreme vermischen. Das Mehl mit der Speisestärke und dem Backpulver vermengen, über die Eimasse sieben und vorsichtig unterheben.

Die gefüllten Äpfel mit dem Biskuitguß überziehen. In einem 200° C heißen Ofen etwa 15 Minuten backen. Herausnehmen, leicht abkühlen lassen und mit Puderzucker überstäuben. Noch warm in der Form servieren. Nach Belieben eine Vanillesauce (Rezept Seite 172) dazu reichen.

Leichte Saucen und Salsas

Statt mit Sahne oder Crème fraîche können Sie Saucen mit cremig gerührtem Joghurt oder mit einer fettarmen cremigen Quarkzubereitung binden. Beide werden zum Schluß in die Sauce gerührt und nur erhitzt. Lassen Sie die Sauce danach nicht mehr zum Kochen kommen, sonst gerinnt sie.

Wenn Sie eine Joghurtsauce über den Siedepunkt erhitzen wollen, müssen Sie den Joghurt mit etwas Speisestärke verrühren, um ihn zu stabilisieren. Als Faustregel gilt: 2 Teelöffel Speisestärke auf 150 Gramm Joghurt.

Bei den Salsas, pikant gewürzten leichten Saucen, mischen sich mexikanische, karibische und fernöstliche Einflüsse. Sie kamen Anfang der achtziger Jahre in kalifornischen Restaurants in Mode. Salsas sind schnell und ohne viel Umstände zubereitet. Sie lassen sich vielseitig verwenden. Man kann sie zu gegrilltem, gebratenem oder gedünstetem Fleisch und Fisch servieren.

Leichte Mayonnaise

Eine Mayonnaise aus ganzen Eiern wird durch das Eiweiß gelockert und dadurch leichter. Sie gelingt jedoch nur im Mixer.

Verwenden Sie ein mildes Olivenöl nur dann, wenn Sie die Mayonnaise sofort verbrauchen. Im Kühlschrank erstarrt Olivenöl, und die anderen Zutaten setzen sich ab. Eine Mayonnaise mit Traubenkernöl kann dagegen 4 bis 5 Tage im Kühlschrank aufbewahrt werden.

Für etwa 250 Gramm:
1 frisches Ei
1 TL Senf
1 Prise Zucker
125 ml Traubenkernöl
2 TL Zitronensaft
1 TL Apfelessig
1 EL heißes Wasser
100 g cremig gerührter fettarmer Joghurt
1/4 TL Salz, frisch gemahlener Pfeffer

Alle Zutaten müssen Zimmertemperatur haben, damit die Mayonnaise nicht gerinnt.

Das Ei aufschlagen und zusammen mit dem Senf, 1 Prise Zucker, 1/4 Teelöffel Salz, frisch gemahlenem Pfeffer und etwa 3 Eßlöffeln Öl im Mixer auf niedrigster Stufe kurz vermischen. Danach die Hälfte des restlichen Öls in dünnem Strahl einlaufen lassen. Mit Zitronensaft und Essig leicht verdünnen und das restliche Öl einarbeiten. Zuletzt einen Eßlöffel heißes Wasser einmischen, um die Emulsion zu stabilisieren.

Die Mayonnaise in eine Schüssel schütten und mit einem Holzlöffel den Joghurt einrühren.

Kräuter-Mayonnaise

Für Gemüsesalate, pochierten Fisch und Geflügel.

Eine leichte Mayonnaise aus den oben angegebenen Zutaten mit einem Eßlöffel fein geschnittenem Schnittlauch und 2 Eßlöffeln Kräutern wie Dill oder Kerbel oder Petersilie vermischen.

Curry-Mayonnaise

Für Reissalate, Geflügelsalate oder für kaltes gebratenes Hühnerfilet.

Eine leichte Mayonnaise aus den oben angegebenen Zutaten mit einem Eßlöffel Curry-Paste und 2 Eßlöffeln Mango-Chutney verrühren. Nach Belieben den Zitronensaft durch Limettensaft ersetzen und einen Eßlöffel fein geschnittenes Koriandergrün unterheben.

Quark-Mayonnaise

Diese leichte Mayonnaise ohne Ei läßt sich durch verschiedene Zutaten abwandeln – zu einer Cocktailsauce oder einer Pesto-Sauce.

Für etwa 300 Gramm:
250 g cremige Quarkzubereitung (0,2 Prozent Fettgehalt)
2 EL Senf
2 EL Weißweinessig
6 EL mildes Olivenöl
1 Prise Zucker
Salz, frisch gemahlener Pfeffer

Die Quarkzubereitung in eine Schüssel geben. Mit dem Handrührgerät auf niedriger Stufe den Senf und den Essig einarbeiten. Anschließend nach und nach das Olivenöl zufügen. Mit etwas Zucker, Salz und frisch gemahlenem Pfeffer abschmecken.

Cocktailsauce

Zu Garnelen und Meeresfrüchten.

Aus den oben angegebenen Zutaten eine Quark-Mayonnaise zubereiten und 2 Eßlöffel Tomatenketchup, 2 Teelöffel Cognac, 1 Teelöffel Worcestersauce und 1/2 Teelöffel Tabascosauce zufügen.

Pesto-Sauce

Für Gemüse- und Nudelsalate.

Aus den oben angegebenen Zutaten eine Quark-Mayonnaise mit 3 Eßlöffeln mildem Olivenöl zubereiten. Die restlichen 3 Eßlöffel Olivenöl im Mixer mit 1 Eßlöffel hell angerösteten Pinienkernen, 2 bis 3 Knoblauchzehen und einem kleinen Bund Basilikum pürieren. Das Püree unter die fertige Quark-Mayonnaise ziehen.

Warme Schaumsauce

Statt einer Sauce Hollandaise zu pochiertem Fisch und Geflügel sowie zu feinem Gemüse wie Spargel und Artischocken.

2 frische Eigelb
1 EL Weißwein
2 TL Weißweinessig
1/8 l Hühnerfond
1 EL fein geschnittener frischer Estragon
Salz, frisch gemahlener Pfeffer

Die beiden Eigelb mit dem Weißwein, dem Weißweinessig und dem Hühnerfond in einer Edelstahlschüssel verrühren. Mit etwas Salz und frisch gemahlenem Pfeffer würzen.

Über einem heißen Wasserbad zu einer schaumigen Sauce aufschlagen. Danach herausnehmen und 1 bis 2 Minuten weiterschlagen. Sofort servieren

Tofu-Mayonnaise

Eine leichte Mayonnaise ohne Eigelb und Quark, die im Mixer zubereitet wird.

Zutaten für 200 Gramm:
100 g weicher Tofu
2 TL Senf
1 TL Tafelmeerrettich
1 EL Apfelessig
5 EL mildes Olivenöl
5 EL Gemüsebouillon
Salz, frisch gemahlener schwarzer Pfeffer

Den Tofu zerkleinern und im Mixer mit dem Senf, dem Meerrettich und dem Apfelessig vermischen. Anschließend bei laufendem Motor das Olivenöl nach und nach zufügen. Die Emulsion mit der Gemüsebouillon verdünnen und mit Salz und frisch gemahlenem Pfeffer abschmecken.

Vinaigrette

Diese leichte Vinaigrette gelingt mit dem Stabmixer oder dem Pürierstab des elektrischen Handmixgeräts. Sie hält sich in einer verschlossenen Flasche 10 Tage im Kühlschrank.

Für etwa 350 Milliliter:
2 EL Senf
100 ml milder Weinessig
200 ml mildes Olivenöl
125 ml heiße Gemüsebouillon
Salz, frisch gemahlener schwarzer Pfeffer

In einem hohen Mixbecher den Senf mit dem Essig, 1 Prise Salz und etwas frisch gemahlenem Pfeffer vermischen. Anschließend das Olivenöl in dünnem Strahl und danach die heiße Gemüsebouillon mit dem Stabmixer langsam einmischen. Die Vinaigrette in einen kleinen Topf gießen und bis zum Siedepunkt erhitzen, um sie haltbar zu machen. Abkühlen lassen, in eine Flasche füllen und im Kühlschrank aufbewahren. Vor dem Gebrauch die Flasche kräftig schütteln.

Salsa fresca

Reichen Sie diese mexikanische Salsa zu gegrilltem oder kurzgebratenem Fleisch.

2 große Fleischtomaten, geschält, entkernt und gewürfelt
1 Zwiebel, fein gewürfelt
1 Knoblauchzehe, fein gehackt
1/2 grüne Chilischote, entkernt und fein gehackt
Saft von 1 Limette
1–2 EL fein geschnittenes Koriandergrün, ersatzweise glatte Petersilie
2 EL Olivenöl
Salz

In einer Glasschüssel die Tomaten- und Zwiebelwürfel mit dem gehackten Knoblauch und der gehackten Chilischote vermischen. Mit dem Limettensaft beträufeln und mit Salz würzen. Das Koriandergrün unterheben. Zugedeckt mindestens 1 Stunde in den Kühlschrank stellen. Sollte die Salsa zuviel Saft gezogen haben, diesen abgießen. Zum Schluß mit dem Olivenöl vermischen.

Mango-Chili-Salsa

Diese Salsa kann auch mit Ananas, Papaya oder Melone zubereitet werden. Auch die besonders aromatischen Minigurken, die seit einiger Zeit auf dem Markt sind, eignen sich dafür. Wenn Sie diese verwenden, ersetzen Sie das Koriandergrün durch Dill und servieren Sie die Salsa zu pochiertem Fisch.

1 reife Mango, geschält und sehr klein gewürfelt
je 1/2 rote und grüne Chilischote, entkernt und fein gehackt
Saft von 1 Limette
2 EL fein geschnittenes Koriandergrün
1 EL Apfelessig
1 Prise Zucker
1 Prise Salz
1 EL mildes Olivenöl

Die Mangowürfel mit den fein gehackten Chillies und dem Koriandergrün vermischen. Mit dem Limettensaft beträufeln. Zugedeckt im Kühlschrank 1 Stunde durchkühlen.

Danach den Apfelessig mit dem Zucker und dem Salz verrühren und mit dem Olivenöl verquirlen. Mit der Salsa vermischen und sofort servieren.

Orangen-Avocado-Salsa

Zu gebratenem und gegrilltem Geflügel und Fisch.

1 Orange, geschält und gewürfelt
2 Schalotten, klein gewürfelt
1 rote Chilischote, entkernt und fein gehackt
2 EL fein geschnittenes Koriandergrün
1 EL Zitronensaft
1 EL Olivenöl
1 reife Avocado, entsteint und gewürfelt
Salz, frisch gemahlener schwarzer Pfeffer

Die Orangen- und Schalottenwürfel mit der gehackten Chilischote und dem Koriandergrün vermischen. Zugedeckt im Kühlschrank durchkühlen.

Kurz vor dem Servieren den Zitronensaft mit dem Olivenöl verquirlen. Damit die Avocadowürfel beträufeln. Alle Zutaten miteinander vermischen. Mit Salz und frisch gemahlenem Pfeffer abschmecken und sofort servieren.

Verzeichnis der Rezepte nach Sachgruppen

Vorspeisen und Snacks

Salate

Suppen

Fisch

Fleisch

Gemüse

Reis- und Nudelgerichte

Desserts

Leichte Saucen und Salsas

Alphabetisches Rezeptverzeichnis